THIBAULT GEOFFRAY

mes recettes healthy

Photographies de Fabien Breuil
Stylisme de Sabrina Fauda-Rôle

THIBAULT GEOFFRAY

mes recettes healthy

MARABOUT

Kitch

SOMMAIRE

Je suis Thibault Geoffray, né en 1984 à Lyon, coach sportif, influenceur sur les réseaux sociaux et désormais auteur grâce à vous !
C'est mon premier livre, l'aboutissement de trois années de partages intenses sur les réseaux : un condensé hyper pratique de mes recettes pour rendre encore plus accessible ma méthode de transformation ! Préparez-vous à améliorer de manière fulgurante votre physique et votre santé, sans vous priver ! Faites-moi confiance, vous allez définitivement changer votre approche de l'alimentation et de l'entraînement ! Mais avant de vous en dire plus, je souhaite plus que tout rendre hommage à mon père à travers ces lignes, parti d'un cancer en avril 2018. Mon père est le pilier de mon investissement et de mes partages sur la nutrition.

Mon objectif
Permettre à un maximum de personnes de rééquilibrer leur alimentation de manière plaisante et de progresser grâce à une activité sportive vraiment efficace, bien loin des méthodes restrictives des régimes modernes ! Grâce à cet enseignement, vous allez pouvoir perdre du gras et dessiner votre silhouette sans privation, et ce pendant qu'il en est encore temps.

En 2017, j'ai participé à l'émission « Ninja Warrior : le parcours des héros » et ai atteint la super finale. Depuis, j'ai baptisé fièrement le « mur des héros » la page de mon site qui regroupe les milliers d'« avant-après » réels de personnes qui ont obtenu des transformations incroyables grâce à mon programme 90-Day Life Challenge.

Le sport, la diététique et la santé sont une profonde histoire de famille.
Avant de faire des millions de vues sur les réseaux sociaux avec mes vidéos de training et de recettes healthy, j'ai eu un parcours de vie particulier. Mes parents ont cherché à canaliser mon énergie, j'ai été dès le plus jeune âge sur les tatamis de judo. Vingt ans de pratique et de multiples disciplines qui m'ont apporté les valeurs de base. Diplômé en 2007 de l'EPMS (Entraînement physique militaire et sportif), j'ai sans relâche continué de me former et de toucher à tout. Professeur d'EPS, gestionnaire de club de musculation, éducateur sportif, maître-nageur, en passant par animateur de ski ou coach de handball, j'ai rapidement mis mes connaissances au service de la personne et commencé à obtenir des résultats surprenants avec mes premiers coachés ! Depuis, nous battons des records sur Internet ! Je me suis spécialisé en fitness/musculation et diététique de par le combat de mes parents, et le coaching en transformation physique est devenu une vocation. Chaque jour je me lève avec l'espoir de venir en aide à davantage de personnes.

Dans ma famille, nous luttons contre la maladie et nous avons obtenu de véritables résultats grâce à l'alimentation, après de multiples essais. Mon père s'est battu contre un cancer du rein

déclaré en 2010, métastasé au foie par la suite. Ma mère souffre de maladie auto-immune. Très rapidement, elle a vu disparaître les douleurs de sa polyarthrite rhumatoïde, en arrêtant notamment sa consommation de lait de vache et de gluten, et en adoptant mes conseils d'alimentation paléo (basée sur des aliments entiers et non transformés).
Mon père, sous traitement, a lutté chaque jour pendant huit ans, son corps l'a immédiatement remercié quand il a arrêté le sucre, équilibré son alimentation, surveillé sa glycémie. À chaque écart, les effets secondaires de la chimiothérapie reprenaient le dessus et son corps le lui faisait savoir. Prendre soin de son alimentation lui a permis de tenir debout jusqu'à son dernier jour. Sa forme quotidienne aura été salvatrice pour lui. Sa lutte intense était notre combat familial et ma motivation première pour la nutrition, et je suis fier de lui rendre hommage à travers ce livre.
Mes parents sont mon inspiration personnelle. L'alimentation permet d'aller très loin et rend plus fort, plus endurant, plus vivant. Voici les principales raisons qui me poussent à prôner chaque jour des valeurs pour perdre du poids, obtenir un regain de vitalité, muscler son corps, conséquences d'un coaching santé et bien-être.

Ce livre sera une des clés pour retrouver définitivement le physique que vous désirez. Vous pouvez profiter pleinement de la vie avec un poids de forme idéal, il est temps maintenant de découvrir la suite !

CANDICE

Ce programme a vraiment été une expérience extraordinaire pour moi ! Je doutais toujours de la réalité des photos avant/après que je pouvais voir mais aujourd'hui, en regardant les miennes, je n'en doute plus ! Ce programme a changé mon corps, mon alimentation, mon rapport au sport, bref ma vie tout simplement ! Je l'ai suivi au maximum tout en m'octroyant des écarts qui me permettaient de rester motivée au quotidien. Merci à Thibault pour la simplicité et le bon goût de ses recettes, pour ses vidéos training accessibles et ultra motivantes et enfin pour ses super articles qui permettent de comprendre toute la démarche de ce programme ! Merci à ma life coach et surtout, promis, je n'oublierai pas « Fit, Fight, Forever » !

COMMENT RESTER FIT TOUTE L'ANNÉE SANS SE PRIVER ?

- Je ne mange quasiment jamais de sucres rapides (pas de gâteaux/biscuits dans les placards chez moi).
- Je bois 3 à 4 L d'eau par jour.
- Je ne saute jamais un repas, ni une collation.
- Je m'entraîne 3 à 5 fois par semaine, pas forcément longtemps !
- Je cuisine des aliments non transformés et je mange à ma faim !
- Je dors 7 h par nuit.
- Je m'étire 15 min 2 fois par semaine.
- Je suis régulier depuis des années.
- Je me fais plaisir 2 à 3 fois par semaine !
- J'en fais une hygiène de vie.

Adapte ça et transforme-toi tout en te faisant plaisir !

JE STAGNE, POURQUOI ET COMMENT FAIRE ?

Que se passe-t-il ?

Quand on essaye de perdre du poids et de se muscler aujourd'hui, on est noyé dans ce que l'on nous propose : régimes à la mode, diètes miraculeuses, programmes sportifs magiques, compléments alimentaires obligatoires... Malheureusement tout ceci n'est pas adapté, vous n'avez pas le temps de suivre ces programmes restrictifs et contraignants. Et plus vous vous intéressez, plus la liste de choses à faire se rallonge et vous êtes finalement perdu en ne sachant par où commencer.

Quand bien même vous essayez une méthode, vous tenez quelques semaines seulement, car les résultats ne sont pas au rendez-vous. Vous avez pu connaître aussi le pire : se forcer à suivre une diète hyper restrictive et retomber massivement dans vos travers par la suite, en perdant vos bénéfices ou en aggravant la situation.

Il y a une meilleure façon de faire !

Vous n'êtes pas obligé de suivre les diktats de l'industrie alimentaire, des régimes minceurs, et encore moins de répéter tous les 6 mois la dernière diète à la mode ! **Le secret réside dans l'approche à long terme, vous devez rééquilibrer votre alimentation** à l'aide d'aliments entiers, naturels, non transformés, et diminuer les écarts alimentaires (sans les bannir). Vous obtiendrez des résultats fulgurants sur votre bien-être, et vous allez gagner du temps à ne plus chercher la méthode miracle.

Passez à l'action !

Couplez cette alimentation avec les entraînements rapides que je propose dans ce livre, et vous verrez vos résultats corporels s'améliorer chaque jour. C'est très satisfaisant et ultra motivant de progresser régulièrement et de se rapprocher de ses objectifs, en mangeant sainement et copieusement !

C'est ce que prouvent désormais les milliers de personnes qui suivent mes recettes : c'est un changement physique et mental, une meilleure santé obtenue en quelques semaines seulement. Et ce sans se priver, sans devoir avaler le fameux « dinde haricot vert » à répétition ! Vous allez pouvoir, grâce à mes recettes, découvrir l'alimentation riche et variée qu'il vous faut pour prendre soin de vous tout en vous faisant plaisir.

Conclusion

Finalement il n'y a pas vraiment de secret, il suffit d'essayer mes recettes faciles et healthy, et de diminuer nettement le reste. N'essayez pas, faites-le, j'ai créé ce livre pour vous faciliter l'accès à ce mode de vie et vous permettre de vous améliorer vous-même. Je vais vous montrer exactement comment cuisiner pour brûler des graisses et vous muscler, sans privation. Il est temps pour vous aussi de vous faire plaisir tout en débloquant vos résultats !

MOTIVATION

« #StayStrongLiveLong, nous ne sommes pas des robots ! Ne vous arrêtez pas à un seul écart qui vous entraînerait dans une escalade de démotivation, restez fier ! Ne soyez pas trop dur avec vous-même, acceptez de passer par le bas, afin de revenir encore plus fort, plus fit, plus en vie ! Nous avons tous besoin par moments de lâcher prise avec un énorme gâteau ou un apéro très arrosé. Alors craquez, mais revenez ! Ne transformez pas votre « cheatmeal » (repas de triche) en « cheatweek » (semaine de triche) ! Reprenez-vous, ça ne tient qu'à vous. Tu veux être un futur champion, ta meilleure version ? Alors, fais un reset et relève-toi ! »

MANGER PLUS, MANGER MIEUX, S'ENTRAÎNER MOINS LONGTEMPS, ÇA MARCHE VRAIMENT ?

Vous vous demandez concrètement : comment mes recettes peuvent-elles être gourmandes sans faire grossir ? Est-ce possible de cuisiner rapidement ? Lumière sur mon slogan et sur les bénéfices !

MANGER PLUS

Arrêtez de vous affamer ! MANGER MOINS NE VOUS FERA PAS PERDRE DU POIDS, pire, cela mettra votre corps en famine, vous allez conserver du gras tout en mangeant trois feuilles de salade… Les régimes hypocaloriques drastiques sont destructeurs. Il faut relancer votre métabolisme, vous mettre à l'activité et apporter à votre corps de vrais aliments. Tous comme mes milliers de transformés, vous allez être surpris de voir à quel point vous pouvez manger tout en perdant du poids ! Bye bye la privation !

MANGER MIEUX

Adieu l'allure « skinny fat », soit littéralement « maigre gras » ! On est d'accord, ce n'est pas ce que vous voulez ? Manger mieux signifie apporter la bonne répartition des nutriments à votre corps, une alimentation naturelle et goûteuse. Résultats : des effets dans le miroir tout en vous régalant ! Jetez donc votre balance… elle est loin d'être significative ! Appréciez votre taux de masse grasse, votre développement musculaire, changez littéralement votre silhouette dans le miroir pour une allure mince et musclée !!

S'ENTRAÎNER MOINS

Je suis fatigué par ce que l'on vous vend à longueur de temps… des régimes infaisables et des programmes de sport inadaptés : séances d'abdos interminables et cardio de 1 h 30. Ce n'est pas ce qu'il vous faut ! La science a démontré depuis longtemps que des efforts plus intenses activaient tout autant le brûlage des graisses et surtout développaient votre silhouette. Faites la part belle aux efforts qui demandent une résistance musculaire. Cerise sur le gâteau, c'est court, fun, boostant l'estime de soi et plus safe pour votre santé… Qu'attendez-vous ?

Comment faire ?

Stop à la course aux « calories » ! Cette idée a la vie dure, mais se fier uniquement à cette notion est une erreur. Comprenez bien qu'à taux égal de calories : un fast-food de 500 kcal n'aura pas du tout le même effet sur votre corps qu'un plat healthy de 500 kcal. En choisissant les bons ingrédients, retrouvez le plaisir de déguster sans frustration des burgers diététiques et autres gaufres healthy ! Je vous facilite la tâche avec mon guide : AUCUN CALCUL DE CALORIES ET DE MACRONUTRIMENTS N'EST NÉCESSAIRE, car toutes les recettes sont déjà équilibrées !

Voilà un des grands intérêts de ce livre. La magie opère : vous pouvez choisir n'importe quel plat et votre total de macronutriments restera à l'équilibre en fin de journée.

MES 10 POINTS CLÉS POUR RESTER MOTIVÉ

Voici mon secret : travaillez MENTALEMENT. Sachez respecter les points suivants et lâcher prise quand cela est nécessaire. Attention, on sort des points clés conventionnels et parfois trop « gentils » que l'on trouve communément.

Il est temps de passer au mode FIGHT avec mes 10 conseils pour un mental de VIKING :

✔ **CESSER** de reporter la faute sur un élément extérieur.

✔ Ne pas **TROP** en faire.

✔ Être **FIER** de soi.

✔ Se fixer des **ÉTAPES.**

✔ Ne pas se comparer au voisin.

✔ **AGIR** et ne pas subir.

✔ S'écouter soi-même et pas forcément l'entourage.

✔ Partager ses efforts et ne pas s'isoler.

✔ **ACCEPTER** les hauts et les bas.

✔ Promettre sa réussite.

Changez votre lifestyle pour devenir définitivement meilleur.

NUTRITION

LA MAGIE DES HERBES ET ÉPICES

Seules les personnes possédant des pathologies thyroïdiennes devraient limiter la consommation d'épices. Pour les autres, n'hésitez pas !

- **Curcuma** : antioxydant, antalgique naturel.
- **Cumin** : antalgique naturel, riche en fer et en vitamine C, aide contre l'insomnie.
- **Coriandre** : aide à la digestion, abaisse la glycémie, antibiotique, bon pour le cholestérol.
- **Piment de Cayenne** : détox, stimule la circulation sanguine, aide à la digestion.
- **Gingembre** : diminue les courbatures, réduit l'inflammation, améliore l'attention.
- **Noix de muscade** : anti-inflammatoire et antibactérien.
- **Clou de girofle** : action antibactérienne pour l'appareil digestif.

Poivre noir : contient de la pipérine qui aide à brûler les graisses et à utiliser les nutriments plus efficacement.

- **Cannelle** : aide à la digestion, contrebalance les hypoglycémies, antioxydant, améliore la circulation.
- **Origan** : anti-inflammatoire, antioxydant, améliore la densité osseuse, bon pour la peau.
- **Romarin** : améliore la mémoire, la concentration, déstresse, antioxydant.
- **Thym** : antibactérien puissant, antimicrobien, combat l'hypertension.

Associez épices et herbes aromatiques. Cela vous permettra d'obtenir un bon équilibre acido-base, mettant votre corps dans ses meilleures dispositions !

COMPRENDRE LES NUTRIMENTS

Mon secret consiste à équilibrer correctement les recettes dans un repas ou dans une journée, ce qui permet d'avoir des plats consistants et healthy, qui enclenchent l'amincissement sans restriction. Il faut « nourrir » son corps avec les bons ingrédients.

1 **Les protéines.** Ce sont des nutriments **essentiels** et l'atout principal pour une hygiène de vie dynamique. Votre corps en a besoin pour dessiner sa silhouette, garder un système immunitaire efficace et une **santé optimale**, ce qui permet la perte de poids. Il faut en apporter dans chaque plat durant toute la journée, ce qui donne tous les acides aminés essentiels, avec des aliments comme les œufs, le poisson, la viande blanche, le soja, les oléagineux, les graines.

2 **Les lipides.** Ils ne sont pas mauvais ! Boudés à tort, les bonnes sources de gras sont essentielles à la vie et sont un élément majeur pour équilibrer les apports, avec notamment des **oméga 3 et du « bon » cholestérol** : poisson gras, huile d'olive, de lin, avocat, noix, amandes, œufs, chocolat noir.

3 **Les glucides.** Ils ne sont pas essentiels, mais ne doivent pas être nécessairement coupés. Ils sont une **source d'énergie** permettant de reconstituer ses réserves et doivent être sélectionnés correctement afin de ne pas faire monter la glycémie : légumes, riz, sarrasin, patates douces, fruits entiers, miel, pâtes et pain au blé complet.

Au quotidien

Reproduire les recettes de mon livre vous permettra d'obtenir tous les macronutriments nécessaires au bon fonctionnement de votre organisme, adaptés pour améliorer vos **résultats sportifs** et votre silhouette dans le miroir. Ces aliments de qualité, également riches en micronutriments (vitamines et minéraux), vont littéralement booster vos défenses immunitaires, améliorant la prévention contre **les maladies et les blessures** (ennemi numéro 1 de votre bien-être et de vos résultats).

Adaptez les recettes.
N'hésitez pas à changer les quantités en fonction de vos besoins journaliers tout en respectant la répartition proportionnelle des ingrédients. C'est l'exclusivité de mon programme de transformation 90DAYLC qui permet à chaque personne d'obtenir son calcul personnalisé grâce à la prise en compte très précise du métabolisme et de votre évolution !

Rejoignez http://livre.thibaultgeoffray.com pour obtenir des bonus et en savoir plus !

TRUCS ET ASTUCES : COMMENT VOUS SAUVER DU SUCRE !

Pour vous aider à limiter votre consommation de sucre et améliorer votre hygiène de vie :

- Ne jamais ajouter de sucre, ou substituts dans les recettes, les boissons. Il ne faut pas sucrer son café ou sa tisane, faites le test une semaine, vous ne reviendrez jamais en arrière.

- Privilégier les collations protéinées et ne pas abuser des fruits (le fructose n'est pas toujours bénéfique pour le corps). Les jus de fruits doivent rester occasionnels, car ils cassent les fibres du fruit.

- Oublier les céréales et autres petits déjeuners industriels, l'addiction au sucre tient principalement de la malnutrition au réveil.

- Limiter le gluten et le lait de vache. Se rapprocher d'une alimentation paléo avec mes recettes. Choisir des produits entiers et de qualité.

- Se renforcer positivement pour chaque minute accomplie sans consommation de sucre. Modifier son état d'esprit est la priorité.

- Si l'addiction est trop présente, se sevrer en coupant totalement pendant 6 à 8 semaines : arrêter les fruits frais et secs, le muesli, les barres, les confitures, le miel, le sirop d'agave.

- Préférer les vins secs aux vins moelleux, 1 verre par jour ne sera pas néfaste.

- Changer ses habitudes au travail ou en sortie : privilégier une entrée plutôt qu'un dessert, demander de la sauce huile d'olive pour les salades, cesser de manger des pâtes systématiquement !

- Modifier les habitudes alimentaires des enfants. Cuisiner pour eux, travailler la mise en scène, privilégier les fruits plutôt que les gâteaux, utiliser de la noix de coco.

MOTIVATION

« Oui, c'est bien mais je n'ai pas de temps pour cuisiner »… STOP, pas d'excuses possibles ! Les recettes sont rapides et faciles à reproduire. Exit les plats avec trois heures de cuisson, je vais vous montrer comment cuisiner simplement, sans ustensiles particuliers, et sans liste d'ingrédients à rallonge ! La part belle est faite aux recettes rapides et délicieuses, afin de pouvoir les insérer dans n'importe quel emploi du temps. Rendez-vous page 37 si vous voulez en savoir plus sur comment construire votre plan alimentaire selon le moment de la journée !

COMMENT UTILISER LE LIVRE, LE PLAN D'ATTAQUE EN 7 POINTS

1 Préparer le plan

La chose la plus importante pour construire son corps de rêve est de préparer le chemin. Si vous souhaitez sentir le bénéfice de mes recettes, coupez les aliments vraiment néfastes qui **augmentent votre niveau de gras et baisse votre niveau d'énergie**. C'est ce qui vous bloque dans vos résultats. À limiter dans les placards : plats préparés, sucre raffiné, gâteaux et biscuits industriels, boissons gazeuses avec sucre ajouté, biscuits apéros, alcool. Augmentez votre consommation d'eau, jusqu'à 2-3 L d'eau minimum par jour. Cela va vous permettre d'obtenir : corps et articulations en meilleure santé, digestion améliorée, meilleure utilisation des filières pour brûler du gras, effet de satiété, etc.

2 Ma liste d'indispensable

Choisissez vos recettes, vous pouvez varier très souvent ou répéter régulièrement vos préférées ! Vous pourrez donc exécuter vos courses en fonction et selon votre budget. Voici quelques indispensables (je privilégie un maximum de produits biologiques ou issus de« circuit court » local) :

• **Huile d'olive :** pour arroser vos légumes et en cuisson lente de préférence. À choisir vierge extra, extraite à froid !
• **Vinaigre balsamique :** du goût et peu de calories.
• **Huile de coco :** triglycéride stable, le top pour les cuissons à haute température !
• **Lait de coco :** vitamine D.
• **Œufs (de poules élevées en plein air) :** l'aliment magique, responsable du « bon » cholestérol, on peut en consommer jusqu'à 5 par jour sans problème. Les choisir bio ou Bleu-Blanc-Cœur.
• **Avocat :** un must minceur, aux vertus santé nombreuses : acides gras essentiels, vitamines, minéraux.
• **Amande et noix :** les oléagineux, gorgés de nutriments, notamment riches en protéines et en calcium ! Éviter les versions grillés ou salés qui perdent de l'intérêt.
• **Miel :** glucide phare d'une bonne alimentation, à choisir artisanal absolument pour éviter les ajouts de glucose.
• **Graines :** toutes intéressantes sur le plan nutritionnel, notamment pour équilibrer les apports en oméga 3.
• **Eau pétillante :** choisissez celles riches en bicarbonate comme la Badoit®.
• **Herbes aromatiques :** alcalinisantes et délicieuses, varier avec plaisir.
• **Ail et oignon :** alliés minceur, à utiliser le plus régulièrement possible, détox et riches en sels minéraux.
• **Flocon d'avoine :** la source de glucide à privilégier le matin ou en en-cas, qui permet d'éviter le pic glycémique de par son index très bas.
• **Farine de châtaigne ou de patate douce :** sans gluten, un investissement nutritif rentable.

3 Petit déjeuner et en-cas

Changez vos habitudes dès le matin. Céréales industrielles, tartines, biscuits et croissants ne vont pas vous faire devenir mince et musclé. Ils contentent sur le moment mais sont responsables d'une baisse d'énergie très rapidement par la suite. **En testant mes petits-déjeuners gourmands, rapides à réaliser, vous allez tout de suite sentir un gain de vitalité, empêcher le fameux « coup de pompe » et donc éviter les grignotages !** Vous pouvez en préparer certains la veille (comme la pâte à pancakes), pour gagner du temps au réveil. Ces recettes peuvent vous paraître riches, mais les nutriments sont choisis soigneusement et c'est nécessaire pour améliorer vos résultats.
En ce qui concerne les en-cas, je vous conseille d'en consommer un le matin et un l'après-midi ! Points clefs de ma méthode pour améliorer votre nutrition quotidienne. **Cela va vous permettre de lisser votre glycémie tout au long de la journée, de manger plus et mieux, d'éviter la faim !**

4 Les repas low-carb

Littéralement « bas en carbohydrate » (glucide), ce sont des recettes avec de **faibles valeurs en glucides**, la quantité de sucre est réduite et maîtrisée ! Ces repas sont à privilégier lors de moments off, loin de vos entraînements, car vos besoins sont moins élevés à ce moment-là. Si, par exemple, vous vous entraînez en début de journée, utilisez

une recette low-carb le soir, et inversement. Si vous vous entraînez un jour sur 2, baissez vos apports en glucides sur vos jours off en privilégiant plus de recettes low-carb. **En mangeant sainement, vous réapprendrez le vrai goût des aliments.** Vous allez adorer vous faire plaisir sans forcément manger des pâtes ou énormément de féculents à tous les repas, ce n'est pas nécessaire !

5 Repas post-training

Pour une recharge énergétique, après ou autour de l'entraînement ! On fait tomber le mythe « pas de glucide après 18 h », c'est faux (sauf si cette habitude vous rend heureux, alors je vous conseille de vous entraîner le matin). **Votre corps a besoin d'énergie et de plaisir chaque jour !** Ne boudez pas les glucides, ils vont vous donner le carburant nécessaire pour vous améliorer de jour en jour dans votre nouveau mode de vie ! Reconstituez vos réserves, réveillez votre métabolisme et enclenchez

MA JOURNÉE TYPE :

Je me lève tôt, plein d'énergie, et je consomme de l'eau dès le réveil ! Le matin et quelle que soit l'heure, si vous mangez sainement, vous allez vouloir dévorer votre petit-déjeuner ! J'adore me régaler avec l'un de mes petit déj (sucrés ou salés) consistant et très rare sont mes matins sans mes délicieux œufs brouillés. Personnellement, avec l'habitude de nourrir mon corps en grande quantité régulièrement avec des aliments sains, j'ai rapidement besoin d'apports et je ne rate jamais ma collation. J'aime m'entraîner en fin de journée, vers 17 h, lorsque le pic d'éveil et de motivation est au sommet. Je fais le plein d'énergie soit avant ou après la séance avec de bonnes recettes riches en glucides ! Je me passe sans problème de dessert qui vient gâcher le repas au niveau assimilation des nutriments, je me fais plaisir avec mes collations peu de temps après, et je consomme tous les jours 1 carreau de chocolat noir 85% avec un café ou un thé, 2 fois par jour. Mon cheatmeal préféré ? apéro et resto entre amis !

une perte de gras sur le long terme en suivant mes recettes « post-training ». Ainsi, si vous vous entraînez en fin de journée par exemple, n'ayez pas peur d'essayer chaque soir une de mes recettes post-training !

6 S'entraîner n'importe où

EN FAIRE PLUS N'EST PAS PLUS EFFICACE ! À la salle ou à la maison, essayez mes séances de **HIIT, circuit-training ou séance mixée** ! Vous trouverez 3 séances rapides dans le prochain chapitre, qui vous permettront de réduire considérablement votre temps de travail, afin de pouvoir le caler dans n'importe quel emploi du temps ! Ces workouts sont tout aussi efficaces pour la perte de masse grasse que du cardio. **Ils vont vous aider à sortir de votre zone de confort et enclencher notamment l'after burn effect qui permet de continuer de brûler du gras tout au long de la journée au repos !** Je recommande de ne pas trop en faire, et d'effectuer environ 4 séances de 25 min par semaine, en les alternant au choix. Profitez de la montée d'hormone post-séance qui contribuera à renforcer votre force mentale !
Les bénéfices sur les efforts à haute intensité sont prouvés depuis longtemps et nombreux : cœur plus sain, augmentation du métabolisme, endurance améliorée, meilleure sensibilité à l'insuline, gain musculaire, amélioration du gainage profond, diminution des douleurs de dos, amélioration de la tension artérielle, sommeil récupérateur...
Le gros avantage de ce type de training

rapide est de cumuler avec le musculaire, trop souvent délaissé et notamment boudé à tort par les femmes. **La musculation et tout type de travail avec résistance pousseront votre corps à s'adapter et à changer naturellement.** C'est possible pour tout niveau, et c'est vraiment ce qu'il vous faut pour sculpter votre silhouette tout en vous débarrassant de la masse graisseuse !

7 Rester social / cheatmeal

Rester mince est avant tout un combat envers soi-même afin de trouver son propre équilibre naturel, sans se trouver d'excuses. **Ne tournez pas le dos définitivement aux tentations de la vie, moments conviviaux, occasions festives et restaurants** ! Manger sainement et savoir se faire plaisir occasionnellement ne nous met pas à « l'écart ». Au contraire ! Nous sommes socialement épanouis, fiers de concilier hygiène de vie et plaisir quotidien. Vous pouvez lâcher prise 1 à 2 fois par semaine sans incident sur votre diète en effectuant des cheatmeals (repas de triche).

SI JAMAIS TU ES CONTRAINT DE MANGER RÉGULIÈREMENT À L'EXTÉRIEUR, MES CONSEILS :

- Opter pour des viandes maigres grillées ou poissons à la place des plats cuits dans l'huile.
- Limiter les « extras » aux restaurants, se contenter du plat et apporter son en-cas pour l'après-midi.
- Remplacer les frites par du riz.
- Exclure le pain blanc en le remplaçant par un accompagnement supplémentaire de légumes.
- Limiter l'alcool qui bloque la progression. 1 ou 2 verres de vins occasionnels sont la meilleure option.
- Demander les sauces à part.
- Remplacer la bière/soda par de l'eau pétillante.

CHARLOTTE

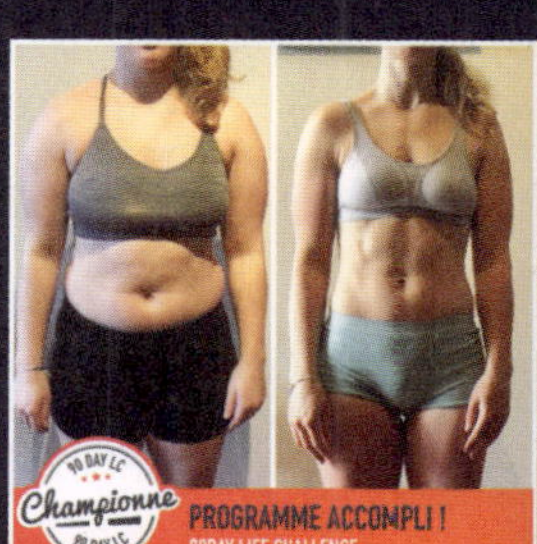

« Et voilà un super programme qui se termine. Celui-ci m'a ouvert les yeux sur une autre alimentation avec des recettes copieuses et très bonnes. Cela n'a pas toujours été facile et j'avoue que le craquage a été nécessaire pour garder le moral. Je suis heureuse de ce que j'ai accompli et des résultats obtenus (qui ont dépassé mes attentes) car je ne me croyais pas capable d'y arriver. C'est le début d'une vie healthy. Un grand merci Thibault pour ce programme ! »

SÉANCE 1 : HIIT

Comment accentuer sa perte de masse grasse en seulement 20 minutes ? Voici la solution aux antipodes des séances de cardio ou d'abdos interminables qui manquent souvent d'efficacité et augmentent les chances de blessures. Vous voulez rejoindre 20 000 personnes métamorphosées grâce à mon programme ? Let's do HIIT !

Pourquoi dois-je le faire ?
Voici comment dessiner votre corps dans le miroir tout en éliminant les poignées d'amour et les zones de graisses récalcitrantes, comment booster votre métabolisme pour manger plus et changer votre mental. Faites-moi confiance, vous serez une autre personne dans peu de temps si vous effectuez ce type de séance. High Intensity Interval Training peut être effectué par toute personne de TOUT niveau !

Comment vais-je le faire ?
À CHACUN SON RYTHME ! Mais je compte sur vous, ce n'est pas le moment de vous regarder faire, cherchez à vous améliorer et à vous dépasser progressivement. L'objectif est d'effectuer le maximum de répétitions pendant 30 secondes puis de récupérer 30 secondes sur place entre chaque exercice. Enchaînez le tout sans vous arrêter pendant 6 tours (18 minutes au total). Obtenez une meilleure version de vous-même.

Tu veux voir cette séance en vidéo ?
Rejoins la page bonus réservée au lecteur du livre sur : **http://livre.thibaultgeoffray.com**

EXO 1

Plyo-Squat

1

Effectuer un squat avec un départ pied supérieur à la largeur des épaules. Fléchir les jambes en poussant les genoux vers l'avant tout en gardant les talons au sol et la cambrure lombaire, regard vers l'avant et buste redressé.

2

Se relever en poussant fort sur les appuis pour conserver la posture tout en dépliant les jambes et en décollant les pieds du sol (effectuer un jump).

3

Resserrer les appuis puis effectuer un demi-squat pied serré, pour pousser à nouveau afin de décoller les pieds et revenir en position de départ (enchaîner pied écarté/jump/pied serré).

EXO 2

Sit-through

1

Départ en position quadrupédique. Les épaules sont à hauteur des mains. Les hanches au-dessus des genoux légèrement décollés du sol. Les jambes sont quasiment à 90°.

2

Enclencher la rotation en croisant la jambe droite à l'intérieur tout en décollant la main gauche du sol pour commencer à pivoter sur le côté.

3

Le pivot est complet, le pied d'appui est tourné, la jambe droite est tendue devant, le bras gauche qui ne touche plus le sol équilibre le corps en venant se positionner devant le buste/visage.

4

Depuis la position précédente, effectuer la rotation inverse pour finir dans la position identique, jambe gauche tendue, bras droit équilibré, regard vers l'avant.

EXO 3

Burpees

1

Descendre les mains vers le sol (au niveau des pieds) sans bouger les pieds à l'aide d'une flexion de jambe et de buste.

2

Prendre appui sur les mains, bien en dessous de l'aplomb des épaules, afin de tendre les jambes (une jambe après l'autre si trop difficile) pour s'équilibrer en position de pompe bras tendue, corps gainé.

3

Descendre le buste vers le sol à l'aide d'une flexion des avant-bras tout en conservant l'alignement tête-épaule-bassin-pied.

4

Pousser sur les mains à l'aide du haut du corps pour relever le buste du sol tout en ramenant les jambes à l'aide d'une flexion rapide au niveau des mains (une jambe après l'autre si trop difficile).

5

Depuis la position de squat, pousser sur les appuis pour se redresser complètement, décoller les pieds du sol tout en claquant les mains au-dessus de la tête (buste droit).

CIRCUIT-TRAINING BARRE

Pourquoi dois-je le faire ?

Non, mesdames, vous ne prendrez pas trop de muscle en effectuant ce circuit ! Oui, messieurs, vous sculpterez votre corps ! Halte aux idées reçues, la science a prouvé que les exercices liés à une résistance musculaire sont hyper bénéfiques pour la perte de poids, notamment chez les femmes. Pour encore plus de résultats et quels que soient vos objectifs corporels, vous allez accélérer votre progression en effectuant ce circuit training rapide et intense.

• Les bénéfices chez les femmes : ce training accentuera la perte de masse grasse tout en dessinant des formes féminines, toniques, fermes, sans être bodybuildées !

• Les bénéfices chez les hommes, il permettra de développer une musculature visible, athlétique et équilibrée tout en préservant la santé !

Êtes-vous prêts à ce que le muscle prenne la place du gras ? Let's gooo !

Comment vais-je le faire ?

C'est très simple : enchaînez les exercices, puis récupérez à la fin du tour (et non entre chaque exercice comme le HIIT précédent). Maîtrisez et répétez votre mouvement de manière dynamique pendant 30 à 45 secondes d'efforts, avec un repos d'environ 1 min 30 après avoir tout enchaîné.
Le circuit sera accompli une fois 5 tours effectués (environ 21 minutes).

Tu veux voir cette séance en vidéo ?
Rejoins la page bonus réservée au lecteur du livre sur : **http://livre.thibaultgeoffray.com**

Squat

1

Bien s'équilibrer au départ avec les pieds de largeur égale ou supérieure aux épaules, pointe légèrement vers l'extérieur. Fléchir les jambes en poussant les genoux vers l'avant tout en gardant les talons au sol et la cambrure lombaire, regard vers l'avant et buste redressé.

2

Conserver tout au long de la poussée une bonne posture en initiant le mouvement par l'extension des jambes (plutôt que de tirer les fessiers vers le haut). Fixer le regard. Maintenir la charge équilibrée sur le haut des épaules sans jamais lâcher les mains.

EXO 2

Clean and press (partiel)

1

Départ pied largeur des épaules, barre au niveau des genoux et buste droit.

2

Enclencher le mouvement de la barre en la tirant le long du corps en fléchissant les bras tout en haussant les épaules.

3

Une fois au niveau de la poitrine, passer le plus rapidement possible les coudes vers l'avant pour équilibrer la barre en position basse à l'aide d'une légère flexion des jambes.

4

Finir le mouvement en position haute, bras tendus, en poussant vers le haut sans trop tirer les coudes vers l'arrière. Le buste est toujours droit et la tête légèrement vers l'avant.

EXO 3

Rowing

1

Buste penché vers l'avant, cambrure lombaire naturelle conservée, la barre est au niveau des genoux, prise main ouverte (supination).

2

La position du buste reste stricte, seules les épaules se tirent vers l'arrière pour remonter la barre en direction du ventre. Le buste doit rester bombé et les épaules ne pas se hausser.

EXO 4

Curl biceps

1

En position naturelle et bien équilibrée. Le corps est gainé, le regard est fixe devant soi et les bras quasiment tendus vers le bas (ne pas verrouiller complètement en extension)

2

Les bras sont fléchis et la barre monte sans à-coup en position haute (utiliser des haltères si douleurs aux avant-bras).

SÉANCE 3 : DÉFI MIXÉ

Pourquoi dois-je le faire ?

Avec ce type d'entraînement, adieu la masse grasse localisée. Il vous servira à développer votre confiance en vous, à vous mettre au défi et à sortir de votre zone de confort. Il peut vous servir d'objectif de progression afin de vous motiver à vous entraîner régulièrement. Car au-delà de l'intensité, c'est le fait de s'entraîner régulièrement, d'améliorer sa santé et son mode de vie de manière constante qui vous révélera à tout niveau. Voilà pourquoi vous devez tester absolument ces trainings courts et efficaces en moins de 30 minutes !

Comment vais-je le faire ?

Effectuez une pyramide descendante le plus rapidement possible ! Commencez par 25 répétitions de l'exercice 1, suivies de 25 répétitions de l'exercice 2, suivies de 25 répétitions de l'exercice 3. Enchaînez avec 20 de chaque, puis 15, puis 10, puis 5. Notez votre chrono effectué et essayez de vous améliorer avec le temps.

Tu veux voir cette séance en vidéo ?

Rejoins la page bonus réservée au lecteur du livre sur : **http://livre.thibaultgeoffray.com**

EXO 1

Mountain climbers

1 ET 2

Les appuis mains sont solidement ancrés au sol, à l'aplomb des épaules, ventre serré, nombril aspiré et plaqué à la colonne, bassin contracté. Les abdominaux se resserrent davantage en ramenant successivement les genoux vers la poitrine l'un après l'autre. Les abdominaux doivent rester contractés, le mouvement est très cardio.

EXO 2

Squat

1

Bien s'équilibrer au départ avec les pieds de largeur égale ou supérieure aux épaules, pointe légèrement vers l'extérieur. Fléchir les jambes en poussant les genoux vers l'avant tout en gardant les talons au sol et la cambrure lombaire, regard vers l'avant et buste redressé.

2

Conserver tout au long de la poussée une bonne posture en initiant le mouvement par l'extension des jambes (plutôt que de tirer les fessiers vers le haut). Fixer le regard.

EXO 3

Sit-up

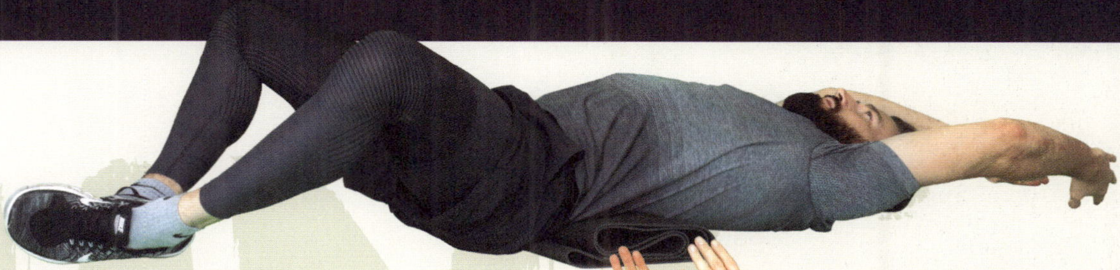

1

Départ allongé dos au sol et jambes pliées genoux vers l'extérieur. Serviette ou petit support sous les lombaires pour commencer le buste bien en extension.

2

Rapprocher la cage thoracique du pubis sans fléchir excessivement le buste et enclencher le mouvement à l'aide d'un geste rapide des bras vers les pieds et vers le haut.

3

Se redresser complètement pour finir le mouvement en cherchant à se grandir vers le haut. Contracter les muscles profonds en soufflant, abdos plaqués sans pousser le ventre vers l'avant, bassin serré.

RECETTES

BOWL GOURMAND PALÉO

Sans gluten

PRÊT EN MOINS DE 5 MIN

1 PERSONNE

35 g de flocons d'avoine sans gluten ou flocons de millet
100 ml de lait d'amande
Extrait de vanille liquide
20 g de whey protéine
1 petite banane
15 g de myrtilles
5 g de pépites de chocolat noir
Poudre de noix de coco

Bien mélanger les flocons d'avoine avec le lait d'amande, la vanille et la whey protéine. Laisser gonfler quelques minutes.

Ajouter la banane coupée en rondelles, parsemer les myrtilles, les pépites de chocolat noir et la poudre de noix de coco.

REMARQUE

Pour une version sans whey : remplacer le lait d'amande par 150 à 200 g de fromage blanc 0 % et ajouter 5 g de plus de flocons d'avoine.

PETIT DÉJEUNER

MORNING CHAMPION

Sans lactose

PRÊT EN MOINS DE 5 MIN

1 PERSONNE

Huile de coco ou d'olive
2 œufs
1 blanc d'œuf
1 clémentine (ou 1 kiwi ou 2 abricots ou 3-4 grosses fraises de saison ou ½ banane ou ½ pomme)
20 g de miel
2 petits pains grillés au blé complet
2 tranches de jambon (sans nitrate)

Faire chauffer ½ c. à c. d'huile de coco ou d'olive dans une poêle. Casser les œufs et le blanc d'œuf directement dedans et les faire cuire à feu moyen en remuant régulièrement afin d'obtenir des œufs brouillés.

Éplucher la clémentine (ou un fruit équivalent). Tartiner de miel les petits pains grillés.

Placer dans une assiette les œufs avec les tranches de jambon, le fruit et les tartines.

CE QUE J'EN PENSE

Pas de grande cuisine ici mais un petit déjeuner équilibré sur le plan nutritionnel, plein de bienfaits et facile à préparer en moins de 5 minutes. Ce petit déjeuner est énormément reproduit par les héros de mon programme ! Je conseille d'une manière générale de réduire considérablement sa consommation de pain pour accélérer sa progression et diminuer la prise de gras, mais tu peux te permettre des petites parts de pain au blé complet, de pain d'artisan au levain ou de pain de seigle.

PETIT DÉJEUNER

BOWLCAKE CHOCOLAT DIÉTÉTIQUE

PRÊT EN MOINS DE 10 MIN

1 PERSONNE

20 g de flocons d'avoine
1 œuf
15 g de farine de châtaigne (ou farine au choix)
15 g de whey protéine
1 c. à s. de fromage blanc 0 %
1 ou 2 c. à s. de miel
1 c. à c. de cacao 100 %
1 pincée de sel
Topping
1 poignée de fruits rouges
1 carré de chocolat noir 85 %
Amandes effilées

Mélanger tous les ingrédients dans un bol. Couvrir et faire cuire 1 min 30 au micro-ondes, sur puissance maximale.

Retourner pour démouler et servir avec les fruits rouges, le carré de chocolat noir et des amandes effilées.

Variante
Pour une version sans whey : la remplacer par 15 g de flocons d'avoine supplémentaires. Ajouter 1 c. à s. de fromage blanc, mais ne mettre que 1 c. à s. de miel.

CE QUE J'EN PENSE

On peut voir plusieurs bowlcakes sur Instagram, mais rarement au chocolat et aussi bons et équilibrés ! Alors fais-toi plaisir régulièrement avec ce « petit déjeuner du sportif pressé », et rassure-toi, le micro-ondes ne détruit en rien les nutriments !

PUDDING DE CHIA

Sans gluten – sans lactose

PRÊT EN MOINS DE 5 MIN

1 PERSONNE (3 PETITS DÉJEUNERS)

1 poignée de fruits rouges

Le granola/muesli maison
30 g de flocons d'avoine
30 g de noix, noisettes ou amandes
15 g de chocolat noir
10 g de noix de coco râpée
15 g d'huile de coco
15 g de miel
½ c. à c. de cannelle

Le pudding
20 g de graines de chia
150 ml de lait d'amande
1 c. à c. d'extrait de vanille

Préparer le pudding. Mélanger dans un verre les graines de chia avec le lait d'amande et la vanille. Laisser reposer 5 à 10 minutes minimum pour que les graines gonflent et que la texture devienne onctueuse.

Préparer le granola. Préchauffer le four à 180 °C. Mélanger tous les ingrédients, puis les étaler sur une épaisseur de 1 cm sur une plaque recouverte d'une feuille de papier sulfurisé. Faire cuire au four 15 minutes.

Superposer dans un verre un peu de granola, le pudding de chia, le granola, les fruits rouges, le pudding de chia, le granola et pour finir les fruits rouges.

LE PARFAIT ŒUF BACON AUX ÉPINARDS

PRÊT EN MOINS DE 10 MIN

Sans gluten

1 PERSONNE

½ c. à c. d'huile de coco
3 œufs
80 g d'épinards frais
50 g de bacon
70 g de fromage blanc
1 clémentine
100 g de compote de pomme sans sucre ajouté

Dans une poêle, faire fondre l'huile de coco, casser les œufs, ajouter les feuilles d'épinard lavées et le bacon émincé. Faire cuire sur feu doux-moyen tout en remuant régulièrement jusqu'à ce que les œufs soient pris et les épinards réduits.

Ajouter le fromage blanc à la toute fin de la cuisson. Le laisser chauffer un peu mais retirer du feu avant qu'il ne se désagrège.

Accompagner ce petit déjeuner d'une clémentine et de compote de pomme.

OMELETTE JAMBON CHAMPIGNONS

PRÊT EN MOINS DE 10 MIN

Sans gluten – sans lactose

2 PERSONNES

1 c. à c. d'huile de coco
80 g de jambon
150 g de champignons de Paris
1 oignon
3 œufs + 1 blanc d'œuf
20 cl de lait d'amande
6 tomates cerises
Origan (ou persil)
Sel et poivre

Faire chauffer un peu d'huile de coco dans une poêle sur feu moyen-doux. Découper le jambon en lamelles, laver et découper les champignons, éplucher et émincer l'oignon.

Battre les œufs, le blanc d'œuf, saler et poivrer, puis verser dans la poêle chaude. Ajouter le lait d'amande et le répartir avec le dos d'une fourchette. Laisser cuire 3 à 5 minutes. Parsemer d'oignon, de lamelles de jambon, de champignons et de tomates cerises. Laisser cuire quelques minutes.

Rabattre la moitié de l'omelette à mi-cuisson. Parsemer d'origan.

CE QUE J'EN PENSE

Il est temps de profiter d'un petit déjeuner complet comme à l'hôtel (mais sain), de booster sa perte de gras, d'améliorer sa vitalité et surtout d'éviter le coup de pompe de 11 heures ! Au revoir les petits craquages !

PETIT DÉJEUNER

OMELETTE PALÉO

Sans gluten – sans lactose

PRÊT EN MOINS DE 5 MIN

1 PERSONNE

Huile de coco
2 œufs + 1 blanc d'œuf
1 banane de petite ou de taille moyenne
1 filet de miel
10 cl de lait d'amande
1 carré de chocolat noir 85 %
Noix de coco râpée

Faire chauffer un peu d'huile de coco dans une poêle antiadhésive.

Mélanger dans un bol les œufs, le blanc d'œuf, la banane coupée en rondelles et le miel.

Verser dans la poêle bien chaude. Ajouter le lait d'amande et l'étaler avec le dos d'une fourchette. Laisser l'omelette cuire 5 ou 6 minutes sur feu moyen, puis parsemer de copeaux de chocolat noir. Faire cuire quelques minutes supplémentaires puis rabattre les deux bords avec une spatule afin d'obtenir une belle omelette. Saupoudrer de noix de coco râpée.

Pour servir, ajouter un petit fruit type clémentine ou kiwi.

CE QUE J'EN PENSE

C'est une recette phare sur mes réseaux sociaux avec des millions de vues ! C'est LA solution pour te faire aimer les œufs au petit déjeuner si tu n'en as pas l'habitude ! Fais-moi confiance, tu vas adorer cette omelette sucrée salée incroyable, tellement délicieuse et bonne pour la santé. J'attends déjà ta photo sur Instagram avec le hashtag #fitfightforever ! Si tu dois tenter de reproduire et retenir un de mes petits déjeuners, c'est celui-ci.

OPINEL
INOX

PETIT DÉJEUNER

AVOCADO TOAST

Sans lactose

PRÊT EN MOINS DE 10 MIN

1 PERSONNE

100 ml de vinaigre
1 œuf
60 g de pain complet (ou sans gluten)
½ avocat
50 g de blanc de poulet cuit (ou de jambon)
½ c. à c. d'estragon ou d'origan

Mes astuces pour réussir un œuf poché à tous les coups ! Dans une casserole remplie d'environ 10 cm d'eau frémissante, ajouter 100 ml de vinaigre, plonger l'œuf (utiliser un œuf le plus frais possible) 10 secondes, le ressortir puis le casser dans l'eau. Laisser cuire exactement 3 minutes, sortir l'œuf et l'éponger sur du papier absorbant.

Répartir sur deux tranches de pain complet le demi-avocat haché, le blanc de poulet ou le jambon émincé et l'œuf poché. Saupoudrer d'estragon ou d'origan et servir avec un fruit au choix.

CE QUE J'EN PENSE

On se régale aussi avec les yeux ! À toi le bonheur au moment d'attaquer le jaune au couteau pour dévoiler cette cascade de plaisir. Tellement bon… Varie le topping avec du jambon, du blanc de poulet, du saumon, de la truite ! Les toasts aux avocats sont tout simplement addictifs, et la cerise sur le gâteau : l'avocat est, contrairement à ce que l'on croit, un des meilleurs aliments santé et minceur qui existe ! N'hésite pas à abuser de ces bons lipides !

PANCAKES SUCRÉS À LA PATATE DOUCE

Sans gluten – sans lactose

PRÊT EN MOINS DE 10 MIN

1 PERSONNE

100 à 150 g de patate douce
1 œuf
1 blanc d'œuf
25 g de farine sans gluten (châtaigne, pois chiches, sarrasin, millet, patate douce)
½ c. à c. de cannelle
Extrait de vanille
5 cl de lait d'amande
½ c. à c. de bicarbonate de sodium
Huile de coco

Topping
10 g de beurre d'amande (ou de beurre de cacahuète)
1 filet de sirop d'érable
Noisettes concassées

Faire cuire la patate douce 20 minutes dans l'eau bouillante ou 10 minutes au micro-ondes, sur puissance maximale. Peler ou récolter la chair directement et l'écraser dans un bol.

Ajouter l'œuf, le blanc d'œuf, mélanger puis verser le reste des ingrédients (excepté l'huile de coco). Bien mélanger.

Former des petites galettes dans une poêle chauffée avec un filet d'huile de coco. Retourner après 1 minute de cuisson, puis laisser dorer 30 secondes.

Ajouter le topping sur les pancakes au moment de servir.

PETIT DÉJEUNER

FAT POWER SALÉ

Sans gluten – sans lactose

PRÊT EN MOINS DE 20 MIN

1 PERSONNE

150 g de potatoes (surgelées ou non)
½ avocat coupé en tranches
1 ou 2 tranches de saumon fumé
Salade
Fleur de sel
Paprika

Faire dorer les potatoes le temps indiqué sur le sachet.

Disposer les ingrédients dans un bol ou une assiette, saupoudrer de sel et de paprika, et déguster.

CE QUE J'EN PENSE

Les pommes de terre ont un index glycémique élevé et ne sont pas paléo, je déconseille donc de répéter trop souvent ce petit déjeuner dans la semaine, 2 à 3 fois par semaine max, c'est bien.

Pour un résultat optimal, faire suivre ce petit déjeuner par un shaker de whey protéine pour la collation de la matinée.

BAGEL AU SAUMON FUMÉ

Sans lactose

PRÊT EN MOINS DE 5 MIN

1 PERSONNE

1 œuf
1 bagel
1 c. à s. de houmous
2 tranches de saumon fumé
Pousses d'épinard

Faire cuire un œuf sur le plat dans une poêle.

Couper le bagel en deux puis le faire chauffer quelques minutes sur le gril du four 2 ou 3 minutes ou au grille-pain.

Tartiner une des deux tranches de bagel de houmous, puis ajouter le saumon, l'œuf et les pousses d'épinard lavées. Assaisonner selon votre convenance.
Refermer le bagel avec la seconde tranche.

CE QUE J'EN PENSE

Pour des résultats optimaux, faire suivre ce petit déjeuner par un shaker de whey protéine pour la collation de la matinée.

La whey protéine est naturelle et issue du petit-lait !
Tu souhaites acheter celle que je recommande ?

Rejoins la page bonus réservée au lecteur du livre sur :
http://livre.thibaultgeoffray.com

PETIT DÉJEUNER

PANCAKES EXPRESS FACILES

Sans lactose

PRÊT EN MOINS DE 10 MIN

1 PERSONNE

1 banane
1 œuf + 1 blanc d'œuf
30 g de flocons d'avoine
10 g de noix de coco râpée
50 ml de lait d'amande
½ c. à c. de bicarbonate de sodium
Extrait d'arôme vanille
Un filet d'huile de coco pour la cuisson
1 pincée de sel

Écraser la banane épluchée avec une fourchette. Mélanger au robot ou à la main tous les ingrédients.

Faire cuire à feu moyen dans une poêle chaude avec un filet d'huile de coco. Laisser cuire 1 minute d'un côté puis 30 secondes de l'autre.

Servir avec 1 c. à s. de fromage blanc ou de yaourt soja, un filet de miel et 1 poignée de fruits rouges.

LOW-CARB

PIZZA CHOU-FLEUR

Sans gluten

PRÊT EN MOINS DE 30 MIN

1 PERSONNE

½ chou-fleur
2 œufs
1 c. à c. de basilic séché
1 c. à c. d'ail en poudre
1 c. à c. d'origan
2 c. à s. de coulis de tomate 100 %
20 g de fromage râpé
1/4 d'oignon
1/4 de poivron
½ tomate
80 g de poulet ou 2 tranches de jambon
Sel et poivre

Couper le chou-fleur en deux, retirer les branches, couper les fleurettes en morceaux, puis mixer. Passer le chou-fleur mixé 4 minutes au micro-ondes, sur puissance maximale. Déposer dans un torchon. Essorer à plusieurs reprises en pressant fort le torchon.

Préchauffer le four à 180 °C.

Mettre dans un bol le chou-fleur, l'œuf, le basilic séché, l'ail en poudre et l'origan. Saler et poivrer. Bien mélanger. Façonner une boule et la déposer sur une plaque recouverte de papier sulfurisé. Écraser et étaler « la pâte ». Enfourner 15 minutes.

Sortir la base de pizza du four et la garnir avec le coulis de tomate, le fromage râpé, l'oignon épluché et émincé, le poivron coupé en lamelles, la tomate coupée en dés, le poulet préalablement cuit ou le jambon coupé en morceaux. Saupoudrer d'origan et casser l'œuf au centre. Faire cuire 7 minutes au four. C'est prêt !

CE QUE J'EN PENSE

C'est un délice et hyper sain ! Attention à la pâte qui peut ne pas se tenir parfaitement, servez-la directement sur la feuille de cuisson.

LOW-CARB

TAGLIATELLES DE COURGETTE ET CREVETTES AU CURRY

Sans gluten – sans lactose

PRÊT EN MOINS DE 20 MIN

1 PERSONNE

½ oignon
2 c. à c. d'huile de coco
½ poivron vert
½ poivron rouge
1 ou 2 courgettes
½ gousse d'ail
2 c. à c. de curry en poudre
150 g de crevettes
1 pincée de piment
Coriandre ou persil

Faire revenir l'oignon épluché et émincé dans une poêle ou un wok chaud avec de l'huile de coco. Ajouter le poivron coupé en lamelles et faire cuire 5 minutes.

Laver les courgettes, les couper en deux puis les détailler en tagliatelles avec un économe (en laissant la partie avec les graines). Ajouter au wok, augmenter le feu et faire sauter quelques minutes.

Dans une autre poêle, faire chauffer de l'huile de coco, l'ail épluché et haché et le curry. Ajouter les crevettes avec un peu d'eau. Une fois dorées, les verser dans la poêle avec les légumes. Faire cuire environ 5 minutes en ajoutant le piment selon votre convenance.

Saupoudrer de coriandre ou de persil avant de servir.

LOW-CARB

CROUSTILLANT DE SAUMON

Sans gluten

2 PERSONNES

1 potimarron
1 poireau
1 c. à s. d'huile d'olive
1 c. à s. de paprika
½ c. à s. de cumin
½ c. à s. de thym
1 c. à s. de préparation crémeuse de soja
1 pâte feuilletée sans gluten
1 gros pavé de saumon
1 jaune d'œuf
Sel et poivre

Couper le haut du potimarron et le vider de sa chair en grattant l'intérieur avec une cuillère à soupe.

Laver et couper en fines rondelles le poireau, les faire chauffer 5 minutes dans une poêle avec l'huile d'olive.

Ajouter le paprika, le cumin, le thym et un peu d'eau. Ajouter la chair de potimarron, saler, poivrer et laisser mijoter 10 minutes. Ajouter la préparation crémeuse de soja en fin de cuisson.

Disposer la pâte feuilletée à plat, déposer au centre le pavé de saumon coupé en tranches de 1 ou 2 cm. Verser délicatement la fondue de poireau dessus.

Préchauffer le four à 200 °C.

Découper dans la pâte des lamelles régulières de 1 ou 2 cm de large autour du saumon, puis rabattre ces lamelles par-dessus la garniture en les croisant progressivement. Badigeonner de jaune d'œuf avec un pinceau. Faire cuire 40 minutes au four.

LOW-CARB

POKE BOWL FACILE

Sans gluten – sans lactose

PRÊT EN MOINS DE 10 MIN

1 PERSONNE

1 pavé de saumon
Jus de citron vert
1 c. à s. de tamari (sauce soja japonaise
1 c. à c. de graines de chia
1 c. à c. de graines de sésame
Jeunes pousses de salade
½ avocat
50 g de carotte
50 g de chou rouge
Ciboulette fraîche

La vinaigrette
1 c. à s. d'huile de sésame ou d'olive
1 c. à c. de vinaigre balsamique
Jus de citron
1 c. à c. de sauce soja
1 c. à c. de gingembre en poudre
Sel et poivre

Retirer la peau du saumon et le découper en dés. Mélanger dans un bol le jus de citron, le tamari, les graines de chia et de sésame. Ajouter le saumon et laisser mariner quelques minutes.

Disposer dans un bol les jeunes pousses, le demi-avocat coupé en tranches, la carotte coupée en lamelles, le chou rouge émincé et les dés de saumon frais marinés.

Préparer la vinaigrette. Mélanger l'huile de sésame ou d'olive, le vinaigre, le jus de citron, la sauce soja et le gingembre en poudre. Saler et poivrer.

Verser sur le bowl avant de servir et saupoudrer de ciboulette coupée finement.

CE QUE J'EN PENSE

Ce plat exotique au goût de sushi, rapide et healthy, peut tout à fait être réalisé en recette post-training en changeant la base par du riz basmati. Si vous voulez ajouter du riz dans la version low carb, ne pas dépasser 50 g de riz cuit (soit environ 15 à 20 g de riz cru).

LOW-CARB

NUGGETS HEALTHY

Sans lactose

PRÊT EN MOINS DE 25 MIN

2 PERSONNES

50 g de farine de seigle (millet, sarrasin ou coco)
20 g d'oignon en poudre
2 c. à c. d'ail en poudre
3 g de stevia en sticks
3 blancs d'œufs
1 c. à s. de moutarde
50 g d'amandes effilées ou concassées
260 g de filet de poulet
Sel et poivre

Accompagnement
Jeunes pousses d'épinard
Tomates cerises

Préchauffer le four à 180 °C.

Préparer 3 bols pour constituer la panure. Dans le premier bol, mélanger la farine avec l'oignon et l'ail en poudre et 2 sticks de stevia. Saler généreusement et poivrer. Dans le deuxième bol, battre 3 blancs d'œufs avec la moutarde. Dans le dernier bol, verser les amandes.

Préparer le blanc de poulet en retirant les parties blanches, puis le découper en lamelles d'environ 1 ou 2 cm d'épaisseur.

Tremper tour à tour les lamelles de poulet dans le mélange de farine, dans les œufs, puis dans les amandes afin de bien les recouvrir. Les déposer délicatement dans un grand plat et enfourner 20 à 25 minutes.

Vous pouvez ajouter des jeunes pousses d'épinard et quelques tomates cerises.

CE QUE J'EN PENSE

Ces nuggets peuvent être consommés avec une sauce barbecue maison : 2 c. à s. de coulis de tomate, 1 pincée de 4-épices, ½ c. à c. de paprika, 1 pincée de piment en poudre, de l'ail, du sel et du poivre.

WRAP THON AVOCAT RAPIDE

PRÊT EN MOINS DE 10 MIN

1 PERSONNE

100 g de thon
1 c. à s. de fromage blanc 0 %
1 c. à c. de graines de chia
1 c. à c. de basilic
½ c. à c. de romarin
Le jus de 1 citron vert
1 tortilla de blé complet
½ avocat

La sauce
1 c. à c. d'huile d'olive
1 c. à c. de moutarde
1 jaune d'œuf
1 c. à c. de sauce soja
Sel et poivre

Écraser et mélanger le thon avec le fromage blanc, les graines de chia, les herbes et le jus de citron.

Mélanger l'huile d'olive, la moutarde, le jaune d'œuf, la sauce soja, le sel et le poivre.

Disposer la préparation au thon au centre de la tortilla, arroser de sauce, ajouter par-dessus des lamelles d'avocat. Rouler le wrap et déguster !

PANCAKES SALÉS PALÉO

PRÊT EN MOINS DE 20 MIN

Sans gluten – sans lactose

1 PERSONNE

300 g de courgette coupée en dés
1 gousse d'ail hachée
1 œuf
2 c. à c. d'herbes de Provence
1 c. à c. de ciboulette ou d'aneth en poudre
35 g de farine de châtaigne
Sel et poivre
Huile de coco

Topping
1 tranche de saumon fumé
1 tomate
Ciboulette ou aneth

Mélanger rapidement tous les ingrédients (sauf l'huile de coco) dans un mixeur ou à la main, presser puis égoutter.

Former des galettes et les faire frire dans 2 c. à c. d'huile de coco, 6 à 8 minutes par face, sur feu moyen.

Servir avec du saumon fumé, 1 tomate coupée en dés et de la ciboulette fraîche ciselée.

MON CONSEIL PRATIQUE

Si vous avez du mal à former les pancakes, passer d'abord la courgette au robot puis presser fort le tout dans un chiffon afin d'égoutter un maximum d'eau. Remettez la courgette dans le robot puis ajouter le reste des ingrédients! Enjoy pour cette tuerie !

LOW-CARB

ESCALOPE MILANAISE FACILE

Sans gluten

PRÊT EN MOINS DE 20 MIN

1 PERSONNE

6 tomates cerises
30 g de coulis de tomate 100 %
1 c. à s. de basilic
Fleur de sel
1 filet de poulet
20 g de flocons d'avoine
1 c. à c. d'herbes de Provence
1 c. à c. d'ail en poudre
Poivre
25 g de fromage râpé de brebis
Farine d'amande ou sans gluten
1 œuf
5 g d'huile de coco

Faire revenir dans une casserole à petit feu les tomates cerises, le coulis de tomate, le basilic et la fleur de sel, en remuant régulièrement.

Aplatir le filet de poulet avec un rouleau à pâtisserie pour former une escalope.

Mélanger dans une assiette les flocons d'avoine, les herbes de Provence, l'ail en poudre, le poivre et 20 g de fromage râpé pour constituer la panure. Placer la farine dans un bol. Battre l'œuf dans un autre bol.

Passer tour à tour le filet de poulet dans la farine, dans l'œuf, puis dans la panure.

Faire chauffer l'huile de coco et faire cuire le poulet 5 minutes à feu vif, retourner à mi-cuisson et verser dessus la sauce tomate et le reste de fromage râpé. Couvrir 5 à 7 minutes pour finir la cuisson.

LOW-CARB

FIT & FAST DINDE ÉPICÉE ET GALETTES DE LÉGUMES

Sans lactose

PRÊT EN MOINS DE 20 MIN

1 PERSONNE

1 c. à c. d'huile d'olive
½ c. à c. de curcuma en poudre
½ c. à c. de paprika
½ c. à c. de piment en poudre
½ c. à c. de cumin en poudre
½ c. à c. de gingembre en poudre
Sel et poivre
150 g de blanc de dinde
150 g de galettes de légumes surgelées (type brocolis et légumes verts)
Graines au choix

Préparer la marinade : mélanger l'huile d'olive et toutes les épices. Saler et poivrer.

Retirer les parties blanches du blanc de dinde puis le faire mariner quelques minutes ou toute une nuit dans le mélange huile d'olive-épices.

Faire dorer dans une poêle chaque côté du blanc de dinde à feu moyen-vif puis baisser sur feu moyen et laisser cuire 10 à 12 minutes.

Déposer les galettes de légumes dans la poêle et faire cuire 5 à 7 minutes sur chaque face à feu moyen.

Saupoudrer de graines avant de servir.

LOW-CARB

BUDDAH BOWL VÉGÉTARIEN, SAUCE AU CURRY

Sans lactose

PRÊT EN MOINS DE 20 MIN

1 PERSONNE

Jeunes pousses de salade
20 g de quinoa cuite
½ avocat
20 g de carottes râpées ou de maïs
30 g de concombre
5 ou 6 tomates cerises
1 oignon blanc
1 ou 2 œufs

La sauce
1 c. à s. d'huile d'olive
1 c. à s. de curry en poudre
½ c. à c. de gingembre en poudre
1 c. à c. de moutarde
1 filet de vinaigre balsamique
Jus de citron

Dans un bol, disposer un fond de jeunes pousses de salade lavées. Ajouter le quinoa, l'avocat coupé en lamelles, les carottes râpées, le concombre coupé en dés, les tomates cerises coupées en deux, l'oignon épluché et émincé.

Faire cuire les œufs au plat. Les placer au centre du bol.

Préparer la sauce en mélangeant tous les ingrédients et la verser dans le bol.

MES VARIANTES

Apportez de la couleur violette ! Vous pouvez ajouter du chou rouge, de la betterave ou de l'oignon rouge. Vous pouvez remplacer la sauce par 1 c. à s. de houmous, du fromage blanc et de l'huile d'olive avec l'assaisonnement de votre choix.

BURGER MINCEUR AU QUINOA

PRÊT EN MOINS DE 25 MIN

Sans lactose

1 PERSONNE

25 g de quinoa
10 g d'un mélange de graines
½ petit pain grillé au blé complet concassé
1 c. à c. d'origan
½ c. à c. d'ail en poudre
½ c. à c. de curcuma
Poivre
1 œuf
5 g d'huile d'olive
1 steak 5 % de matière grasse
½ avocat
2 feuilles de salade

Faire cuire le quinoa dans l'eau bouillante pendant 20 minutes.

Le mélanger avec les graines, la chapelure (le petit pain grillé concassé), les épices et l'œuf pour former 2 galettes.

Verser l'huile d'olive dans une poêle et faire dorer les galettes avec le steak sur feu vif 2 ou 3 minutes par face.

Former le burger en superposant la première galette, le steak, l'avocat coupé en tranches, les feuilles de salade puis la seconde galette.

DORADE GRILLÉE

PRÊT EN MOINS DE 20 MIN

Sans gluten – sans lactose

4 PERSONNES

100 g de riz basmati
15 g d'huile d'olive
4 dorades
Le jus de 1 citron
1 c. à s. de persil haché frais
Sel et poivre

Accompagnement
1 kg de légumes

Faire cuire le riz dans une casserole d'eau bouillante salée selon le temps indiqué sur le paquet.

Faire chauffer l'huile d'olive dans 2 poêles. Faire griller les dorades dans les 2 poêles à feu moyen, pendant 10 à 12 minutes par face, en les arrosant régulièrement de jus de citron et en les saupoudrant de persil. Saler et poivrer généreusement. Bien surveiller la cuisson (la peau doit être dorée et l'intérieur ne doit pas être sec).

Servir les dorades avec des légumes et le riz.

LOW-CARB

BROCHETTE DE SAUMON À LA JAMAÏCAINE

Sans gluten – sans lactose

PRÊT EN MOINS DE 20 MIN

1 PERSONNE

1 pavé de saumon
1 c. à s. d'huile d'olive
½ c. à c. d'ail en poudre
1 c. à c. de piment en poudre
½ c. à c. de 4-épices
1 c. à c. de paprika
½ c. à c. de gingembre en poudre
½ c. à c. de coriandre séchée
¼ d'oignon rouge
½ poivron rouge
Poivre

Retirer la peau du saumon et le découper en gros dés.

Préparer la marinade : mélanger l'huile d'olive avec l'ail, les épices, le gingembre, la coriandre et l'oignon épluché et émincé. Faire mariner quelques minutes le saumon. Couper le poivron en carrés.

Préchauffer le four à 200 °C.

Former des brochettes en piquant successivement un dé de saumon et un carré de poivron.

Enfourner 9 minutes et accompagner avec d'une poêlée de légumes au choix.

LOW-CARB

BUTTERNUT GRILLÉE

Sans gluten

1 PERSONNE

1 butternut
Huile d'olive
1 filet de poulet coupé en dés
Quelques tomates cerises coupées en deux
¼ d'oignon rouge épluché et émincé
2 œufs
1 c. à s. de fromage blanc 3 %
1 c. à c. de thym
1 pincée de noix de muscade
Sel et poivre

Préchauffer le four à 180-200 °C.

Découper la butternut en deux, l'arroser d'huile d'olive puis enfourner 15 minutes.

Après la cuisson, gratter l'intérieur de la courge avec une cuillère solide.

Mélanger tous les ingrédients avec la chair de la butternut pour former une farce. Assaisonner. Placer la farce dans les butternuts. Enfourner de nouveau 35 à 40 minutes.

CHAMPIGNONS FARCIS

Sans gluten

1 PERSONNE

3 ou 4 gros champignons
Eau citronnée
Huile d'olive
Chapelure
Ciboulette
Salade

La farce
La queue des champignons
150 g de blanc de poulet coupé en dés
2 c. à s. de crème légère
1 gousse d'ail hachée
1 échalote émincée
Ciboulette hachées
Le jus de ½ citron
1 œuf
Sel et poivre

Retirer les queues des champignons, gratter l'intérieur des chapeaux avec une cuillère, rincer et faire tremper dans de l'eau citronnée. Badigeonner d'huile d'olive et déposer les champignons sur une plaque recouverte de papier sulfurisé.

Préchauffer le four à 180-200 °C.

Mixer tous les ingrédients de la farce puis farcir les champignons, parsemer de chapelure et de ciboulette.

Enfourner 35 minutes. Servir avec une salade.

MA VARIANTE GOURMANDE

Pour les plus gourmands, vous pouvez ajouter un peu de feta dans la farce ou sur le dessus pour faire griller.

PRÊT EN MOINS DE 20 MIN

COURGE SPAGHETTI AUX CREVETTES ET AU PESTO

Sans gluten

2 PERSONNES

1 petite courge spaghetti
Huile de coco
½ oignon
2 tomates
1 gousse d'ail
300 g de crevettes cuites
2 c. à s. de pesto
Sel et poivre

Topping
Feta

Couper la courge en deux, gratter les graines, la placer chair vers le bas dans un plat avec 2 cm d'eau et faire cuire 12 minutes au micro-ondes, sur puissance maximale. Laisser refroidir et retirer la chair en filaments.

Dans une poêle chauffée, avec de l'huile de coco, faire revenir l'oignon épluché et émincé quelques minutes, puis les tomates coupées en lamelles et dont on a enlevé le centre. Ajouter l'ail épluché et haché, les crevettes décortiquées et faire sauter jusqu'à ce que tout soit bien doré.

Ajouter la courge et le pesto dans la poêle. Saler et poivrer généreusement.

MA VARIANTE GOURMANDE

Si vous le souhaitez, vous pouvez parsemer ce plat de feta.

LOW-CARB

AVOCADO BURGER

Sans gluten – sans lactose

PRÊT EN MOINS DE 20 MIN

1 PERSONNE

130 g de filet de saumon
½ c. à c. d'aneth en poudre
1 c. à c. de poudre d'amande ou de noisette (ou de chapelure bio sans gluten ou d'amandes concassées ou de farine de châtaigne ou 1 biscotte sans gluten concassée)
1 c. à s. de moutarde à l'ancienne
½ c. à c. de paprika
½ c. à c. de coriandre en poudre
½ c. à c. de curcuma en poudre
2 œufs
Huile d'olive
½ tomate
½ oignon
½ gros avocat
1 tranche de saumon fumé
Graines de sésame
Quelques feuilles de salade verte
Sel et poivre

Retirer la peau du saumon. Le hacher grossièrement et le mélanger avec l'aneth, la poudre d'amandes, la moutarde, les épices, le sel et le poivre. Battre 1 œuf et l'ajouter à la préparation. Mélanger.

Former 2 steaks puis faire cuire dans une poêle chaude avec un filet d'huile d'olive environ 5 à 7 minutes sur chaque face, à feu moyen.

Découper quelques tranches de tomate et d'oignon. Couper le demi-avocat en deux tranches dans la longueur : une pour former le chapeau et une autre assez fine pour le bas du burger.

Faire cuire 1 œuf au plat.

Superposer la tranche d'avocat, 1 steak de saumon, l'œuf au plat, le second steak, le saumon fumé, les tranches de tomate et d'oignon, refermer avec le chapeau de l'avocat, ajouter des graines de sésame et accompagner d'une salade verte.

CROQUETTES DE POISSON

PRÊT EN MOINS DE 20 MIN

Sans lactose

2 PERSONNES

80 à 100 g de pommes de terre
300 g de poisson blanc
1 petit pain au blé complet (ou chapelure sans gluten)
Persil
Ciboulette
10 g d'oignon
1 œuf
1 c. à s. d'huile d'olive
1 c. à c. d'ail en poudre
Sel et poivre

Accompagnement
Légumes variés
Salade
Sauce fromage blanc moutarde

Faire cuire les pommes de terre épluchées 7 minutes au micro-ondes, sur puissance maximale.

Mixer la chair des pommes de terre, le poisson blanc, la moitié d'un petit pain, les herbes, l'oignon épluché et émincé, le sel et du poivre.

Constituer des croquettes de la forme souhaitée, les plonger tour à tour dans un œuf battu puis dans la chapelure (ou la seconde moitié du pain écrasé avec l'ail en poudre et du sel).

Faire cuire dans une poêle 6 ou 7 minutes sur chaque face, à feu moyen, dans l'huile d'olive.

Servir avec des légumes à volonté, de la salade, et tremper les croquettes dans une sauce fromage blanc moutarde.

FLAN BACON ET POIREAUX

PRÊT EN MOINS DE 20 MIN

Sans gluten

1 PERSONNE

80 à 100 g de poireaux
1 c. à c. d'huile d'olive
80 g de bacon
20 g de fromage de chèvre frais
1 œuf entier + 1 blanc
50 ml de lait de soja
4 c. à c. de crème de soja
1 pincée de noix de muscade en poudre
Sel et poivre

Laver et couper les poireaux en rondelles. Faire chauffer l'huile d'olive dans une sauteuse et déposer les rondelles de poireaux. Les faire fondre doucement à feu doux.

Couper le bacon en petits morceaux.

Quand les poireaux sont tendres, les retirer du feu. Les mélanger au bacon et les disposer dans des petits moules antiadhésifs.

Préchauffer le four à 190 °C.

Dans un mixeur, mélanger le fromage de chèvre, les œufs, le lait et la crème de soja. Assaisonner avec un peu de sel, de poivre et de noix de muscade. Verser cette préparation dans les moules et enfourner 15 minutes

LOW-CARB

SAUMON À L'ORGE, LENTILLES VERTES ET RIZ ROUGE

Sans gluten – sans lactose

PRÊT EN MOINS DE 15 MIN

2 PERSONNES

2 c. à c. d'huile d'olive
¼ d'oignon
300 g de courgette
2 filets de saumon
1 c. à c. d'ail en poudre
Le jus de 1 citron
250 g d'orge, lentilles et riz rouge en sachet
6 tomates cerises
Persil
Sel et poivre

Verser 1 c. à c. d'huile d'olive dans une poêle ou un wok, faire revenir l'oignon épluché et émincé et la courgette coupée en lamelles pendant 6 à 8 minutes sur feu vif.

Dans une autre petite poêle, placer les filets de saumon côté peau dans 1 c. à c. d'huile d'olive chaude, saler, poivrer, ajouter l'ail en poudre et arroser régulièrement de jus de citron. Faire cuire pendant 8 minutes à feu moyen.

Placer l'orge, les lentilles et le riz rouge au micro-ondes environ 2 minutes, en suivant les instructions, puis verser dans la poêle contenant les courgettes et les oignons. Réchauffer quelques minutes.

Retourner le saumon et faire griller côté chair pendant environ 3 minutes.

Placer les légumes dans une assiette, déposer le saumon par-dessus, rectifier l'assaisonnement, ajouter les tomates cerises tranchées, parsemer de persil et arroser de jus de citron.

LOW-CARB

SALADE DÉTOX BY THIBAULT

Sans gluten

PRÊT EN MOINS DE 10 MIN

1 PERSONNE

1 ou 2 tomates
½ avocat
1 poignée de champignons de Paris
¼ de betterave
½ concombre
Quelques lamelles d'oignon rouge
10 g de feta émiettée
1 petite poignée de croûtons sans gluten
Coriandre fraîche ou persil
Jus de citron

Sauce vinaigrette à l'ail
1 c. à c. de moutarde
1 c. à c. d'huile d'olive
1 c. à c. d'ail en poudre
½ c. à c. de curcuma en poudre
½ c. à c. de gingembre en poudre
Persil ou herbes de Provence
1 c. à c. de vinaigre de vin
Jus de citron
Sel et poivre

Laver et couper les tomates en morceaux. Couper le demi-avocat en dés. Éplucher les champignons et les couper en lamelles. Couper la betterave en dés. Éplucher le concombre et le couper en dés. Mélanger le tout avec les lamelles d'oignon rouge puis parsemer de feta, de croûtons et de coriandre.

Mélanger les ingrédients de la vinaigrette. La verser dans la salade et mélanger de nouveau.

CE QUE J'EN PENSE

Pour parfaire cette « détox », je conseille de faire suivre ou précéder ce plat par un shaker de whey protéine en collation pour compléter les apports en protéines.

SALADE PERFORMANCE

PRÊT EN MOINS DE 15 MIN

Sans gluten – sans lactose

1 PERSONNE

80 à 100 g d'aiguillettes de volaille
1 c. à c. d'huile de coco
1 carotte
6 à 8 grosses tomates cerises
1 ou 2 œufs
Quelques pousses d'épinard
5 noix
5 g de graines de chia
Graines de grenade

Sauce
Miel
Vinaigre balsamique
Oignon en poudre
Herbes de Provence
Moutarde (facultatif)
Sel et poivre

Faire cuire les aiguillettes de volaille 8 minutes à feu vif dans une poêle avec l'huile de coco. Découper quelques lamelles de carotte à l'aide d'un économe, couper les tomates cerises en deux.

Faire cuire les œufs mollets 5 minutes dans une casserole d'eau à ébullition.

Disposer dans l'assiette les aiguillettes de volaille, les lamelles de carotte, les tomates cerises, les pousses d'épinard lavées et les œufs mollets. Parsemer les noix et saupoudrer de quelques graines de grenade.

Préparer la sauce en mélangeant tous les ingrédients et verser sur la salade.

SALADE FRAÎCHEUR

PRÊT EN MOINS DE 30 MIN

Sans gluten – sans lactose

1 PERSONNE

150 g de melon
½ poivron jaune
½ poivron vert
60 g de mix de quinoa
120 g de jambon cru sans nitrite (3 tranches)
Graines de courge
Quelques feuilles de basilic
1 poignée de roquette
Vinaigrette à l'huile d'olive

Découper une part de melon, après avoir enlevé les graines.

Laver et couper les poivrons en lamelles, après avoir enlevé les graines et les membranes blanches.

Faire cuire le quinoa dans l'eau bouillante pendant 20 minutes. Découper le jambon en lamelles.

Mélanger les ingrédients.

Parsemer de graines de courge et de feuilles de basilic, accompagner de roquette et d'une vinaigrette à l'huile d'olive.

LOW-CARB

LAMELLES DE BŒUF, COURGETTE

Sans gluten – sans lactose

PRÊT EN MOINS DE 20 MIN

1 PERSONNE

¼ d'oignon
Huile d'olive
200 g de courgette
130 g de champignons de Paris
1 échalote
1 gousse d'ail
130 g de bœuf
1 poignée de tomates cerises
100 g de coulis de tomate 100 %
½ c. à c. de cumin en poudre
1 c. à c. d'herbes de Provence
5 g de concentré de tomate
Ciboulette
Sel et poivre

Dans une poêle, faire revenir l'oignon épluché et émincé dans l'huile d'olive.

Ajouter la courgette coupée en tranches ou en cubes fins, les champignons épluchés et coupés en lamelles, l'échalote épluchée et émincée et l'ail haché. Faire cuire environ 8 à 10 minutes sur feu vif.

Ajouter le bœuf coupé en lamelles et les faire dorer. Une fois saisies, ajouter les tomates cerises.

Mélanger tout en versant le coulis de tomate. Ajouter le cumin, les herbes et le concentré.

Laisser cuire à feu doux quelques minutes. Assaisonner généreusement et servir avec de la ciboulette fraîche ciselée.

LOW-CARB

SALADE JARRE ARC-EN-CIEL

Sans gluten – sans lactose

PRÊT EN MOINS DE 15 MIN

1 PERSONNE

1 c. à s. d'huile d'olive
1 c. à s. de vinaigre balsamique
½ gousse d'ail
1 c. à s. de basilic frais haché
Sel et poivre
20 g de chou rouge
15 tomates cerises
30 g de carottes râpées
50 g de poivron jaune
50 g de concombre
1 poignée d'amandes ou de noix concassées
1 c. à s. de graines au choix
Jeunes pousses d'épinard
1 citron vert

Mettre dans le fond d'un bocal l'huile d'olive, le vinaigre, l'ail, le basilic, le sel et poivre.

Ajouter successivement le chou rouge émincé, les tomates cerises, les carottes râpées, le poivron jaune et le concombre coupés en dés, les amandes ou les noix, les graines, puis les pousses d'épinard lavées. Secouer et arroser de jus de citron vert avant de déguster.

CE QUE J'EN PENSE

Cette recette est diététique et savoureuse. Vous pouvez l'ajuster à votre convenance en ajoutant des protéines animales ou végétales. Les féculents sont aussi envisageables pour vous constituer un plat post-training. C'est très facile à préparer et à transporter pour un repas sur le pouce !

POST-TRAINING

PATATE DOUCE FARCIE AU CHICKEN ÉPICÉ

PRÊT EN MOINS DE 20 MIN

Sans gluten

1 PERSONNE

1 patate douce de taille moyenne
1 filet de poulet

La sauce épicée
1 c. à c. de fromage blanc 3 %
1 c. à c. de harissa
1 c. à c. de paprika en poudre
½ c. à c. de chili en poudre
1 c. à c. de vinaigre de vin
1 c. à c. d'huile d'olive
1 c. à c. de miel
1 gousse d'ail hachée
Poivre

La salade d'hiver
Mélange de choux (2 branches de kale, 50 g de chou rouge, 50 g de chou blanc)
30 g de carottes râpées
¼ d'oignon
1 c. à c. d'ail en poudre
1 c. à c. de vinaigre
1 c. à c. d'huile d'olive
1 c. à c. de jus de citron
Graines au choix
Sel et poivre

Piquer la patate douce avec une fourchette sur le dessus avant de la faire cuire 10 minutes au micro-ondes, sur puissance maximale.

Faire cuire le filet de poulet dans une poêle environ 6 à 8 minutes par face. Le retirer de la poêle et l'émietter à l'aide d'une fourchette.

Placer dans une casserole les ingrédients de la sauce et laisser mijoter sur feu doux en remuant régulièrement pendant 10 minutes.

Ouvrir la patate douce, écraser la chair, ajouter le poulet émietté dedans. Mélanger tous les ingrédients de la salade et les répartir sur la patate douce.

ASTUCE

La cuisson au micro-ondes de la patate douce permet un gain de temps et le rendu est exceptionnel. Vous pouvez préparer l'accompagnement pendant ce temps et le micro-ondes ne détruit en rien les nutriments.

POST-TRAINING

RIZ À LA THAÏE

Sans gluten – sans lactose

PRÊT EN MOINS DE 20 MIN

2 PERSONNES

2 filets de poulet cuits
1 poivron jaune
1 poivron rouge
½ c. à c. d'ail en poudre
1 c. à s. de sauce soja
½ c. à c. de gingembre en poudre
1 c. à s. d'huile d'olive
Le jus de 1 citron vert
1 cube de bouillon miso bio
100 g de riz basmati
Coriandre ou persil
Sel et poivre

Couper le poulet et les poivrons en lamelles. Mélanger le poulet, les poivrons, l'ail en poudre, la sauce soja et le gingembre dans un bol. Verser l'huile d'olive, assaisonner, verser la moitié du jus de citron puis faire revenir 10 à 12 minutes à la poêle.

Plonger le cube de bouillon dans l'eau bouillante salée puis ajouter le riz et laisser cuire environ la moitié du temps indiqué sur l'emballage.

Incorporer le riz dans le mélange poulet-poivrons 5 minutes avant la fin de la cuisson.

Rectifier l'assaisonnement, arroser de jus de citron vert restant et ajouter un peu de persil ou de coriandre fraîche avant de servir.

POST-TRAINING

CHICKEN BURGER HEALTHY

PRÊT EN MOINS DE 20 MIN

1 PERSONNE

170 g de filet de poulet (sans gras)
50 g de carotte
1 gousse d'ail
1 c. à s. de moutarde
1 petite poignée de persil
1 c. à c. d'huile d'olive
½ petit pain grillé au blé complet
65 à 85 g de pain burger au blé complet (2 tranches)
20 g de yaourt à la grecque (ou fromage blanc avec moins de 10 % de matière grasse)
1 c. à c. de concentré de tomate
½ c. à c. de piment en poudre
Paprika fumé
3 feuilles de salade
½ tomate
Sel et poivre

Préparer la farce : mixer le poulet coupé finement en morceaux, la carotte coupée en rondelles, la gousse d'ail épluchée et hachée, la moutarde, le persil, l'huile d'olive et le petit pain grillé (ou la moitié pour que la farce ne soit pas trop sèche).

Saler et poivrer généreusement, puis façonner la farce pour qu'elle tienne dans le pain burger.

Faire dorer la farce dans une poêle avec un filet d'huile d'olive, environ 5 minutes par face sur feu moyen (former une boulette ou deux supplémentaires s'il reste de la farce).

Pendant ce temps, faire chauffer les pains burger sur le gril du four environ 2 minutes ou au grille-pain.

Préparer la sauce allégée : mélanger le yaourt (ou le fromage blanc), le concentré de tomate, le piment et le paprika fumé en ajustant selon les goûts. Saler légèrement, poivrer et ajouter du persil.

Superposer 1 tranche de pain burger, la farce au poulet, la sauce, des feuilles de salade et quelques tranches de tomate. Saupoudrer de persil et placer la seconde tranche de pain sur le dessus pour fermer le burger.

POST-TRAINING

PÂTES ET BOULETTES DE BŒUF EN SAUCE

PRÊT EN MOINS DE 20 MIN

1 PERSONNE

125 g de boulettes (115 g de viande hachée, 10 g de chapelure et 1 c. à c. d'ail en poudre)
½ oignon
1 c. à c. d'huile d'olive
½ échalote
1 c. à c. de thym
3 tomates
1 c. à c. de concentré de tomate
1 poignée d'épinards frais
50 g de pâtes complètes
Parmesan
Sel et poivre

Former des boulettes en mélangeant la viande hachée avec un peu de chapelure et d'ail en poudre.

Dans une poêle, faire revenir l'oignon épluché et émincé avec l'huile d'olive. Ajouter l'échalote épluchée et émincée, un peu de thym et les tomates coupées en dés. Laisser cuire 5 minutes et ajouter les boulettes avec le concentré de tomate et un peu d'eau pour que ça bouillonne. Baisser le feu, ajouter les épinards frais lavés et laisser cuire à couvert environ 8 à 10 minutes.

Dans une casserole, faire cuire les pâtes al dente. Égoutter et mélanger dans la casserole les pâtes avec la préparation aux boulettes.

Saler, poivrer, saupoudrer légèrement de parmesan et servir.

POST-TRAINING

GAUFRES SALÉES

PRÊT EN MOINS DE 25 MIN

1 PERSONNE

100 g de volaille cuite ou de jambon (coupé en fines lamelles)
60 g de flocons d'avoine
1 œuf
125 ml de boisson végétale
30 g de fromage râpé de brebis
1 c. à c. bien bombée d'origan séché
½ c. à c. d'ail en poudre
½ c. à c. de bicarbonate de sodium
Poivre

Mélanger tous les ingrédients puis laisser la pâte reposer 10 à 15 minutes.

Faire cuire au moins 10 minutes jusqu'à ce que les gaufres se tiennent dans le gaufrier.

Remarque
Si vous faites régulièrement cette recette, privilégiez le jambon réduit en sel ou en nitrate.

ASTUCE

Voici comment remplacer un œuf dans une recette sans gluten et sans augmenter les glucides : mélanger 1 cuillerée à café de graines de chia dans 3 cuillerées à soupe d'eau. Laisser prendre le mélange qui deviendra aussi liant qu'un œuf.

DÉS DE POULET, SAUCE AU BEURRE DE CACAHUÈTE ET TOMATE

Sans gluten – sans lactose

1 PERSONNE

150 g de blanc de poulet coupé en gros dés
1 c. à c. d'huile d'olive
¼ d'oignon
50 g de coulis de tomate 100 %
1 c. à c. de concentré de tomate
1 verre d'eau
1 c. à c. de crème de coco
1 c. à s. de beurre de cacahuète
1 c. à c. de sauce soja
Le jus de 1 citron vert
Sel et poivre

Accompagnement
45 g de riz basmati
Quelques tomates cerises

Saisir quelques minutes les dés de poulet dans une poêle sur feu vif, avec l'huile d'olive.

Baisser le feu et ajouter l'oignon épluché et émincé finement, le coulis de tomate, le concentré de tomate et l'eau.

Mélanger puis ajouter la crème de coco, le beurre de cacahuète et la sauce soja. Remuer régulièrement puis saler, poivrer et verser le jus de citron vert.

Servir avec du riz basmati et quelques tomates cerises.

POULET THAÏ PALÉO, COURGE ET PATATE DOUCE

Sans gluten – sans lactose

1 PERSONNE

150 g de blanc de poulet coupé en dés
Huile d'olive
150 g de courge
100 g de patate douce
½ gousse d'ail
¼ d'oignon
100 ml de lait de coco
20 ml de crème de coco
1 c. à s. de sauce soja
1 c. à c. de chili en poudre
Sauce nuoc-mâm (facultatif)
100 ml d'eau ou de bouillon
Coriandre et/ou basilic
Sel et poivre

Faire dorer les dés de poulet à feu vif avec du sel et du poivre et un soupçon d'huile d'olive, dans une poêle.
Baisser le feu puis ajouter progressivement la courge et la patate douce lavées, bien frottées et coupées en dés de 1 cm, l'ail épluché et haché, l'oignon épluché et émincé, puis le reste des ingrédients (sauf l'eau et les herbes).

Ajouter un verre d'eau, couvrir et laisser cuire 30 minutes minimum. Servir avec les herbes.

CE QUE J'EN PENSE

Un plat délicieux et ultra-simple. N'hésitez pas à en abuser pendant l'automne et l'hiver !

POST-TRAINING

VEGGIE BURGER

Sans lactose

2 PERSONNES

50 g de millet
½ oignon
Huile d'olive
1 courgette
1 c. à s. de poudre d'amandes
1 œuf
½ c. à c. de crème de coco
Persil
½ c. à c. de cumin en poudre
2 pains muffin au blé complet
Sel et poivre
4 feuilles de laitue
½ avocat (facultatif)
1 oignon rouge
1 tomate

Faire cuire 20 minutes le millet dans l'eau bouillante. Faire revenir l'oignon épluché et émincé dans l'huile d'olive.

À l'aide d'une mandoline, découper quelques larges bandelettes dans la courgette. Râper le reste de courgette et l'égoutter.

Mélanger le millet, l'oignon et la courgette râpée avec la poudre d'amandes, l'œuf, la crème de coco, le persil et le cumin. Saler et poivrer. Former 2 steaks avec ce mélange et faire cuire 8 minutes par face dans une poêle.

Couper les pains muffins en deux et les faire griller sur le gril du four 2 minutes ou au grille-pain. Faire dorer les bandelettes de courgette dans un peu d'huile d'olive.

Monter les burgers en superposant 1 tranche de pain, 1 feuille de laitue, 1 steak, des bandelettes de courgette, 1 autre feuille de laitue, l'avocat écrasé, des rondelles d'oignon rouge, 1 tranche de tomate et refermer avec 1 tranche de pain.

Servir avec une petite salade composée.

POST-TRAINING

RISOTTO EXPRESS AU SAUMON ET AUX POIS GOURMANDS

Sans gluten – sans lactose

PRÊT EN MOINS DE 20 MIN

1 PERSONNE

1 pavé de saumon
¼ d'oignon
50 g de champignons de Paris
1 c. à c. d'huile d'olive
100 ml de vin blanc
40 g de riz
150 g de pois gourmands
50 ml de lait de coco
1 tranche de saumon fumé
Aneth
Sel et poivre

Faire cuire le saumon 20 minutes dans une poêle sur feu doux en le déposant côté peau.

Dans une autre poêle, faire dorer l'oignon et les champignons épluchés et émincés dans l'huile d'olive. Ajouter le vin blanc puis le riz, mélanger pour l'imprégner. Verser 1 verre d'eau puis laisser mijoter 10 minutes à couvert. Verser les pois gourmands et le lait de coco, puis laisser cuire 10 à 15 minutes. Saler et poivrer.

Au moment de servir, ajouter des lamelles de saumon fumé et déposer le pavé de saumon sur le risotto. Saupoudrer d'aneth.

POST-TRAINING

PÂTES FAÇON CARBONARA HEALTHY

Sans gluten

PRÊT EN MOINS DE 15 MIN

2 PERSONNES

150 g de jambon (3 tranches)
50 g de bacon
100 g d'oignon
100 g de champignons de Paris
1 c. à c. d'huile d'olive
150 ml de lait de coco
2 c. à s. de sauce soja
110 g de pâtes complètes
20 g de fromage de brebis râpé
1 c. à c. de coriandre
Sel et poivre

Faire chauffer une casserole d'eau salée remplie aux deux tiers.

Découper le jambon et le bacon en dés. Dans une poêle, faire chauffer le jambon sur feu vif en remuant régulièrement pendant 2-3 minutes, puis ajouter le bacon et faire chauffer 2 minutes supplémentaires. Réserver.

Dans la même poêle, faire revenir l'oignon et les champignons épluchés et émincés dans l'huile d'olive sur feu moyen. Ajouter le lait de coco (avec un peu d'eau selon votre convenance) et la sauce soja. Baisser le feu et laisser mijoter 10 minutes.

Verser les pâtes complètes dans l'eau bouillante et faire cuire environ 10 minutes.

Incorporer les dés de jambon et de bacon dans la poêle contenant les champignons, saler et poivrer généreusement, et laisser réchauffer 2 ou 3 minutes à feu doux.

Égoutter les pâtes. Verser la sauce carbonara healthy dessus. Saupoudrer de fromage de brebis râpé et de coriandre.

CONSEIL

Repas à accorder avec une collation (avant ou après) en shaker de protéine pour un maximum de réussite.

POST-TRAINING

TACOS DE POISSON PANÉ ET GUACAMOLE

PRÊT EN MOINS DE 25 MIN

1 PERSONNE

½ avocat
1 c. à s. de fromage blanc 3 %
½ c. à c. d'ail en poudre
½ c. à c. de cumin en poudre
1 c. à s. d'huile d'olive
1 c. à c. de vinaigre de vin
Le jus de 1 citron vert
½ c. à c. de paprika
1 goutte de Tabasco®
2 tomates
½ poivron
1 petit piment épépiné
¼ d'oignon rouge
2 petits filets de poisson blanc
1 œuf
Graines de sésame
2 miniwraps
Coriandre fraîche
Sel et poivre

Préparer le guacamole : mélanger le demi-avocat écrasé avec le fromage blanc, l'ail en poudre, le cumin, le sel et le poivre.

Préparer la sauce : mélanger l'huile d'olive, le vinaigre de vin, le jus de citron vert, le paprika et le Tabasco®.

Préparer l'accompagnement : découper finement les tomates, le poivron, le piment, l'oignon rouge épluché, puis les mélanger avec la sauce.

Préparer le poisson : battre l'œuf dans un bol et placer les graines de sésame dans un autre bol. Tremper les filets de poisson dans l'œuf battu puis dans les graines pour les recouvrir complètement. Saler et poivrer.

Faire cuire les filets de poisson 8 minutes de chaque côté sur feu moyen dans une poêle avec un peu d'huile d'olive.

Faire chauffer un peu les wraps dans une poêle. Les mettre dans une assiette et y déposer les filets de poisson, recouvrir de l'accompagnement et de guacamole.

Arroser de jus de citron vert et saupoudrer de coriandre fraîchement ciselée.

POST-TRAINING

POULET AUX ASPERGES ET AUX CHAMPIGNONS

Sans gluten

PRÊT EN MOINS DE 20 MIN

4 PERSONNES

600 g de patate douce
1 c. à c. d'huile de coco
4 blancs de poulet
500 g de champignons de Paris
20 cl de crème fraîche 15 % de matière grasse
500 g d'asperges blanches ou vertes
Sel et poivre

Couper les patates douces en cubes, puis les faire cuire 8 minutes au micro-ondes, sur puissance maximale.

Dans une poêle chaude avec l'huile de coco, faire cuire les blancs de poulet environ 10 minutes. Saler et poivrer. Retirer de la poêle et réserver.

Dans la même poêle, faire revenir 5 minutes les champignons épluchés et émincés, ajouter la crème puis laisser mijoter 10 minutes. En fin de cuisson, replacer les blancs de poulet et les dés de patate douce dans la poêle, avec les champignons, pour les réchauffer.

Disposer les asperges à plat dans une grande poêle avec de l'eau à hauteur et 1 pincée de sel. Porter à ébullition et faire cuire environ 10 minutes.

Placer les blancs de poulet dans 4 assiettes, accompagnés des champignons à la crème et des asperges.

CE QUE J'EN PENSE

Cette recette conviviale peut être déclinée avec les féculents de votre choix, en veillant à respecter des proportions correctes. En retirant la patate douce, c'est aussi un parfait low carb de plus pour vous. Effet garanti pour les invités !

POST-TRAINING

NID D'ŒUF

Sans gluten – sans lactose

1 PERSONNE

1 patate douce de petite taille
1 c. à c. d'huile d'olive
3 œufs
1 c. à c. de paprika en poudre
Sel et poivre

Préchauffer le four à 180 °C.

Râper la patate douce en spaghettis après l'avoir lavée et bien brossée. Mélanger avec l'huile d'olive, du sel et du poivre.

Former 3 nids et enfourner 35 minutes.

Faire glisser les nids dans une poêle et casser 1 œuf au centre. Laisser prendre le blanc. Ajouter du paprika.

Reformer bien les nids dans une assiette avant de déguster avec une salade composée de votre choix.

POST-TRAINING

PAELLA HEALTHY

Sans gluten – sans lactose

PRÊT EN MOINS DE 30 MIN

4 PERSONNES

380 g de filet de poulet sans gras
100 g de chorizo
1 poivron
130 g d'oignons
2 gousses d'ail
1 cube de bouillon bio
20 g d'huile d'olive
185 g de calamars
150 ml de coulis de tomate
2 doses de safran
185 g de moules
150 g de crevettes
85 g de petits pois
200 g de riz basmati
Sel et poivre

Découper le poulet en morceaux, en enlevant les parties blanches, émincer le chorizo et le poivron, éplucher et hacher les oignons et l'ail.

Dissoudre le cube de bouillon dans une casserole avec ½ litre d'eau bouillante.

Dans une grande poêle, faire chauffer l'huile et dorer le poulet quelques minutes. Retirer le poulet et faire revenir le poivron. Ajouter les oignons, l'ail, les calamars et faire cuire 2 ou 3 minutes. Verser le coulis de tomate, saupoudrer de safran, de sel et de poivre. Laisser cuire 3 à 5 minutes.

Incorporer le chorizo, le poulet, le bouillon, les moules, les crevettes, les petits pois et le riz.

Porter à ébullition. Laisser cuire environ 30 minutes à feu doux en remuant de temps en temps.

POST-TRAINING

HACHIS DE POMME DE TERRE, BŒUF ET POIVRON

Sans gluten

PRÊT EN MOINS DE 30 MIN

2 PERSONNES

15 g d'huile d'olive
150 g d'oignons
100 g de poivron vert
100 g de poivron rouge
1 gousse d'ail
380 g de bœuf haché 5 %
Farine
400 g de pommes de terre
60 g de crème fraîche 15 %
2 pincées de noix de muscade en poudre
Sel et poivre

Faire revenir dans une poêle huilée les oignons épluchés et émincés et les poivrons émincés. Ajouter l'ail épluché et émincé, le sel et le poivre.

Recouvrir la viande de bœuf de farine. La saisir dans la même poêle et mélanger avec les poivrons une fois que ceux-ci sont devenus tendres. Laisser mijoter 10 minutes environ.

Peler les pommes de terre et les faire cuire à la vapeur 20 à 25 minutes (ou 12 minutes au micro-ondes, sur puissance maximale). Les écraser tout en ajoutant la crème fraîche, du sel, du poivre et de la noix de muscade.

Préchauffer le four à 180 °C. Disposer les poivrons, les oignons et la viande dans un plat allant au four. Couvrir de purée. Enfourner 20 minutes.

GALETTES DE BLÉ NOIR À LA CREVETTE

PRÊT EN MOINS DE 25 MIN

Sans gluten – sans lactose

1 PERSONNE

½ oignon
2 blancs de poireau
Huile d'olive
100 ml de vin blanc
(ou 1 c. à s. de préparation crémeuse de soja)
Piment d'Espelette
150 g de crevettes cuites
2 galettes de sarrasin
2 œufs
Sel et poivre

Faire revenir l'oignon épluché et émincé et les blancs de poireau hachés dans l'huile d'olive quelques minutes en ajoutant un peu d'eau. Verser le vin blanc (ou la préparation crémeuse de soja), saupoudrer de piment, de sel et de poivre et laisser mijoter. Ajouter les crevettes décortiquées et les faire juste dorer quelques minutes.

Dans une autre poêle, faire chauffer les galettes dans un peu d'huile de coco, casser 1 œuf au centre. Laisser cuire quelques minutes. Disposer les galettes dans une assiette, verser la fondue de poireau et les crevettes autour de l'œuf et replier les bords.

VARIANTE

Pour 6 à 8 galettes traditionnelles, il faut 250 g de farine de sarrasin, 500 ml d'eau, du sel et c'est tout ! Vous pouvez ajouter 1 œuf pour faciliter l'utilisation de la pâte.

QUICHE AU SAUMON ET POINTES D'ASPERGE

PRÊT EN MOINS DE 30 MIN

Sans lactose

1 PERSONNE

120 g de pointes d'asperge
100 g de saumon fumé
200 ml de boisson d'avoine
1 œuf
1 blanc d'œuf
60 g de farine au choix
1 pincée de noix de muscade
Sel et poivre

Éplucher les asperges et les faire cuire dans de l'eau bouillante salée 10 minutes. Les égoutter.

Couper le saumon et les asperges, une fois cuites, en morceaux et les disposer au fond d'un moule antiadhésif.

Préchauffer le four à 180 °C.

Battre la boisson d'avoine avec l'œuf, le blanc d'œuf, la farine, le sel, le poivre et la noix de muscade. Verser cette préparation sur les asperges et le saumon et enfourner 20 minutes. Servir immédiatement.

POST-TRAINING

VERMICELLES DE RIZ AU POULET ET AUX NOIX DE CAJOU

Sans gluten – sans lactose

PRÊT EN MOINS DE 20 MIN

1 PERSONNE

1 cube de bouillon bio
¼ d'oignon rouge
1 c. à s. d'huile d'olive
1 filet de poulet coupé en dés
1 c. à s. de farine d'amandes
80 g de petits pois surgelés
60 g de vermicelles de riz
1 c. à s. de sauce soja
1 c. à s. de sauce nuoc-mâm
½ c. à c. de piment en poudre
½ c. à c. de curcuma en poudre
1 poignée de noix de cajou
1 piment rouge
1 piment vert
Sel et poivre

Dissoudre le cube de bouillon dans une casserole avec ½ litre d'eau bouillante.

Dans une poêle ou un wok, faire revenir l'oignon rouge épluché et émincé dans l'huile d'olive. Ajouter les dés de poulet et faire dorer. Saupoudrer de farine. Saler et poivrer.

Incorporer les petits pois puis verser le bouillon dans la poêle.

Ajouter 1 botte de vermicelles de riz en écartant les branches sans les casser. Laisser cuire pendant 4 ou 5 minutes jusqu'à l'absorption du bouillon (rajouter un peu d'eau si nécessaire). Pendant la cuisson, arroser de sauce soja, de sauce nuoc-mâm et ajouter les épices.

Rectifier l'assaisonnement, parsemer de noix de cajou et de lamelles de piments rouge et vert.

CABILLAUD, PETITS LÉGUMES ET SAUCE AU CURRY LÉGÈRE

Sans gluten – sans lactose

1 PERSONNE

80 g de carottes
200 g de poireaux
1 filet de cabillaud
15 g d'huile d'olive
Jus de citron
½ brique de préparation crémeuse de soja
1 c. à s. de moutarde
1 c. à s. de curry en poudre
Sel et poivre

Accompagnement
60 g de riz basmati
1 c. à c. de piment doux en poudre
1 c. à c. d'herbes de Provence
Persil

Laver et faire cuire les carottes et les poireaux coupés en rondelles dans l'eau bouillante pendant 20 minutes.

Pendant ce temps, faire cuire le cabillaud dans une poêle chaude, avec l'huile d'olive, pendant environ 8 minutes sur feu moyen en arrosant de jus de citron. Saler et poivrer, retourner le poisson, ajouter la préparation crémeuse de soja, la moutarde, le curry, tout en mélangeant. Laisser mijoter jusqu'à la fin de la cuisson des légumes.

Servir le cabillaud avec la sauce, du riz basmati épicé au piment doux, saupoudrer d'herbes de Provence et parsemer de persil.

CE QUE J'EN PENSE

Cette recette va vous réconcilier avec le poisson blanc ! Elle est tellement simple et tellement bonne ! A tester rapidement et à reproduire très régulièrement, un shot de santé et de saveur !

DOS DE LOUP EN PAPILLOTE

Sans gluten – sans lactose

1 PERSONNE

¼ d'oignon
1 blanc de poireau
1 carotte
1 navet
1 c. à s. d'huile d'olive
(ou de coco)
1 c. à c. de curry en poudre
1 c. à c. de paprika en poudre
1 c. à c. de sauce soja
Jus de citron
200 g de dos de loup
½ c. à c. de coriandre séchée
½ c. à c. d'ail en poudre
2 grosses tranches de citron
Sel et poivre

Faire revenir l'oignon épluché et émincé, le blanc de poireau coupé en lamelles, la carotte en tranches fines et le navet en cubes dans une poêle chauffée à l'huile d'olive ou de coco, pendant 10 minutes, sur feu moyen. Couvrir et ajouter un peu d'eau pour accélérer la cuisson.

Préchauffer le four à 180 °C. Déposer sur une feuille de papier sulfurisé les légumes cuits, saupoudrer de curry et de paprika, arroser de sauce soja et d'un peu de jus de citron, puis placer le poisson par-dessus. Saler et poivrer. Saupoudrer de coriandre séchée et d'ail en poudre. Ajouter 2 tranches de citron sur le dessus puis refermer la papillote.

Enfourner 15 à 20 minutes. Servir la papillote fermée pour bénéficier des odeurs à l'ouverture.

CONSEIL NUTRITION

En post-training, compléter ce plat avec une part de féculent complet au choix : par exemple, 150 à 200 g de riz basmati cuit. Attention, ne pas utiliser de papier d'aluminium pour éviter les réactions chimiques néfastes avec le citron.

POST-TRAINING

BUFFALO BURGER ET FRITES DE PATATES DOUCES CROUSTILLANTES

sans lactose

1 PERSONNE

125 g de viande hachée 5 %
1 pain burger au blé complet
2 tranches de tomate
2 feuilles de salade
20 g d'oignon
½ gousse d'ail
1 œuf entier + 1 blanc
120 g de patate douce
1 c. à c. de paprika
1 c. à c. d'épices barbecue
1 c. à c. de vinaigre de vin blanc
1 c. à s. de vinaigre balsamique
1 c. à s. de moutarde
Huile d'olive
Sel et poivre

Préchauffer le four à 180 °C. Brosser la patate douce, la découper en frites. Les mélanger avec un peu d'huile d'olive et de blanc d'œuf, saler. Les déposer sur une plaque recouverte de papier sulfurisé et enfourner 35 minutes.

Préparer la compotée d'oignons : faire chauffer une poêle avec 1 cuillère à café d'huile d'olive et ajouter les oignons émincés. Les faire revenir à feu vif pendant 10 minutes en ajoutant de l'eau. Déglacer avec le vinaigre balsamique. Réserver et, dans la même poêle, casser un œuf sur le plat.

Préparer le steak en mélangeant le bœuf haché avec l'ail émincé finement et le paprika. Saler et poivrer. Le faire cuire dans une poêle chaude avec une touche d'huile d'olive 3 à 4 min sur chaque face.

Faire chauffer le pain coupé en deux dans l'épaisseur au four pendant 3 minutes. Préparer la sauce buffalo : mélanger les épices barbecue, la moutarde, 1 cuillère à soupe d'huile d'olive et le vinaigre de vin blanc.

Monter le burger : sur la base du pain déposer les feuilles de salade, les tranches de tomate, le steak, la compotée d'oignon, la sauce et l'œuf. Fermer. Accompagner de frites de patate douce.

POST-TRAINING

MEAL PREP POULET MIEL MOUTARDE

Sans gluten – sans lactose

PRÊT EN MOINS DE 30 MIN

1 PERSONNE (4 REPAS)

800 g de patates douces
4 c. à s. d'huile d'olive
Herbes de Provence
800 g de brocolis
4 filets de poulet
1 c. à c. d'ail en poudre
1 c. à s. de vinaigre balsamique
2 c. à s. de miel
1 c. à s. de moutarde
Sel et poivre

Préchauffer le four à 200 °C.

Brosser, laver et découper les patates douces en frites. Les déposer sur une plaque de cuisson, arroser d'huile d'olive, saler, poivrer et saupoudrer d'herbes de Provence. Enfourner 15 minutes.

Pendant ce temps, blanchir les brocolis 5 minutes dans de l'eau bouillante. Saler et poivrer les filets de poulet.

Sortir la plaque du four, regrouper les frites sur un côté, placer les brocolis sur l'autre et ajouter de l'ail en poudre et du poivre. Déposer les filets de poulet sur l'ensemble de la plaque. Arroser généreusement le tout d'huile d'olive. Enfourner 30 minutes.

Pendant ce temps, faire chauffer la sauce sur feu doux : verser 2 c. à s. d'huile d'olive, le vinaigre balsamique, le miel et la moutarde, saler, poivrer et remuer doucement pendant environ 5 minutes jusqu'à réduction.

Servir immédiatement ou diviser les portions en quatre et les répartir dans des boîtes alimentaires : placer dans le fond un quart des frites de patate douce et des brocolis, déposer un filet de poulet par-dessus et arroser de sauce. Conserver les boîtes bien fermées au réfrigérateur pendant 3 jours.

POST-TRAINING

CHILI CON CARNE FACILE

Sans gluten – sans lactose

PRÊT EN MOINS DE 15 MIN

1 PERSONNE

½ oignon
1 gousse d'ail
1 c. à s. d'huile d'olive
½ poivron rouge
150 g de viande hachée 5 %
½ c. à c. de cumin en poudre
1 c. à c. de chili en poudre
100 g de tomates pelées (ou de pulpe de tomate)
100 g de haricots rouges en bocal
Tabasco®
50 g de riz basmati
Persil
Sel et poivre

Faire rissoler l'oignon épluché et émincé et l'ail épluché et haché dans l'huile d'olive. Ajouter le poivron coupé en lamelles et laisser cuire quelques minutes.

Ajouter la viande hachée, le cumin, le chili, les tomates et les haricots rouges. Baisser le feu et laisser mijoter 10 minutes en ajoutant un peu de Tabasco® selon votre convenance.

Pendant ce temps, faire cuire le riz basmati (selon les instructions données sur le sachet).

Servir le chili avec le riz, assaisonner et parsemer de persil pour la décoration.

WOK DE CHOU KALE ET FILET DE PORC

PRÊT EN MOINS DE 15 MIN

Sans gluten – sans lactose

2 PERSONNES

4 branches de chou kale
1 c. à s. d'huile de coco
350 g de filet de porc
½ oignon
1 c. à s. de miel
1 pincée de 4-épices
½ c. à c. de gingembre en poudre
1 c. à s. de sauce soja
½ c. à c. de poivre

Accompagnement
½ poivron rouge
50 g de riz basmati ou 200 g de patate douce

Laver le chou kale, supprimer la côte centrale et les tiges, couper en lanières.

Dans un wok ou une poêle, faire sauter dans l'huile de coco bien chaude le porc coupé en lamelles (après avoir retiré les parties blanches) et l'oignon épluché et émincé pendant 5 minutes, puis ajouter le miel et les épices en baissant un peu le feu.

Ajouter le chou kale, la sauce soja et le poivre puis remuer pendant 5 minutes.

Parsemer de quelques fines lamelles de poivron et servir avec du riz basmati ou des patates douces.

POULET RÔTI FAMILIAL À LA PATATE DOUCE

Sans gluten – sans lactose

4 PERSONNES

1 gros poulet fermier
1 c. à c. d'estragon
1 c. à c. de persil
1 c. à s. d'herbes de Provence
1 c. à s. d'huile d'olive
200 g d'oignons
700 g de patates douces
500 g de champignons de Paris
Eau citronnée
Sel et poivre

Préchauffer le four à 200 °C.

Préparer le poulet en ajoutant les épices et herbes à l'intérieur. Poser le poulet sur une plaque de four, saler, poivrer, ajouter quelques herbes sur le dessus et un filet d'huile d'olive. Éplucher et couper l'oignon en quatre morceaux et les placer aux quatre coins du plat. Enfourner 50 minutes en arrosant régulièrement le poulet avec de l'eau ou le jus du plat.

Éplucher et découper les patates douces en cubes. Les ajouter au plat puis continuer la cuisson pendant 20 minutes.

Retirer les pieds des champignons, les nettoyer en les trempant rapidement dans de l'eau citronnée puis les égoutter. Les couper en quatre, les ajouter dans le plat avec le poulet et faire cuire 20 minutes supplémentaires en baissant la température à 180 °C.

Attendrir la viande en laissant cuire encore 15 minutes à 120 °C. Servir après avoir saupoudré de quelques herbes.

ENERGY BALLS EXPRESS

PRÊT EN MOINS DE 5 MIN

Sans lactose

3 BALLS

40 g de flocons d'avoine
1 c. à s. bien bombée de noix de coco râpée
1 c. à s. de miel
30 g de chocolat noir
1 c. à s. de beurre de cacahuète

Mélanger tous les ingrédients. Former des boules en les roulant dans les mains. Les rouler dans la noix de coco pour les recouvrir.

COLLATION SPORTIVE

Prendre 1 ball avec un shaker de 20 g de protéine. Vous pouvez aussi ajouter la whey protéine au chocolat directement dans la préparation. Les balls se conservent plusieurs jours au réfrigérateur.

PROTÉINES BALLS CHOCO-COCO

6 BALLS

45 g de whey protéine
20 g de flocons de millet (ou d'avoine)
6 à 8 pruneaux d'Agen
45 g de noix de coco râpée
20 g de poudre d'amandes
15 g de miel
2 carrés de chocolat noir 85 %

Bien mixer tous les ingrédients sauf le chocolat noir. Malaxer et former des boules en les roulant dans les mains.

Faire fondre le chocolat noir et le verser dans un bol. Tremper les boules dans le chocolat fondu et bien les recouvrir à l'aide de 2 fourchettes. Placer au réfrigérateur pendant 2 heures pour que les boules durcissent.

REMARQUE

Les protéines balls se conservent toute la semaine dans un Tupperware bien fermé !

ENTREMETS PALÉO BANANE ET NOISETTES

Sans gluten – sans lactose

PRÊT EN MOINS DE 25 MIN

2 PARTS

2 œufs entiers + 1 blanc
1 banane (petite ou moyenne)
100 ml de lait d'amande
Extrait de vanille (arôme)
2 c. à s. de sirop d'érable
30 g de poudre de noisettes

Préchauffer le four à 180 °C.

Mixer tous les ingrédients.

Enfourner 20 minutes. Déguster avec un thé ou un café.

CRÈME GLACÉE MINUTE

PRÊT EN MOINS DE 5 MIN

Sans gluten

1 PART

1 grosse poignée de fruits exotiques surgelés
3 c. à s. de fromage blanc 3 %
1 stick de stevia
Un filet de jus de citron
Extrait de vanille (arôme)

Topping
Amandes concassées
Pépites de chocolat

Mélanger tous les ingrédients dans un robot.

Ajouter quelques amandes concassées et des pépites de chocolat. Consommer immédiatement.

EN-CAS

BROWNIE FONDANT

Sans gluten – sans lactose

6 PARTS

60 g de noisettes
175 g de chocolat noir (100 g de 85 % et 75 g de chocolat dessert à 65 %)
1 c. à s. d'huile de coco
2 c. à s. de sirop d'érable ou de miel
3 œufs entiers + 1 blanc
2 c. à c. de bicarbonate alimentaire
1 pincée de sel
250 g de patates douces
Quelques noix du Brésil concassées

Mixer les noisettes. Faire fondre le chocolat au bain-marie. Mélanger tous les ingrédients (sauf les patates douces et quelques noix) et mixer par à-coups réguliers.

Faire cuire les patates douces 10 minutes au micro-ondes, sur puissance maximale, retirer la chair et la placer dans le robot avec les autres ingrédients.

Préchauffer le four à 180 °C. Verser la préparation dans un moule, ajouter les noix du Brésil restantes. Enfourner 30 minutes.

CE QUE J'EN PENSE

Index glycémique bas, sans farine, avec un vrai goût de brownie, ce gâteau a tout pour plaire. Ne dites pas que c'est à la patate douce, personne ne devinera !

PRÊT EN MOINS DE 5 MIN

EN-CAS

SMOOTHIE DÉTOX

Sans gluten

1 PART

70 g d'ananas coupé en dés
70 g de mangue (ou autre fruit au choix) coupée en dés
Un filet de jus de citron
Eau ou lait de coco
1 c. à c. de sirop d'érable
20 g de whey protéine

Mélanger tous les ingrédients dans un blender, ajouter de la glace si vous le souhaitez. Verser à travers une passoire dans un verre.

AUX FRUITS ROUGES ?

1 tasse de framboises surgelées
½ tasse de baie de goji
½ tasse de grenade
Un verre de lait de coco
1 jus de citron

Passer au tamis et se régaler avec une petite poignée d'amande en collation.

KitchenAid

RUSTIQUE AUX POMMES ALLÉGÉ

4 PARTS

80 g de farine à index glycémique modéré (exemple : farine de riz + farine semi-complète)
50 g de fromage blanc 3 %
2 œufs
20 g d'huile de coco
15 g d'huile de colza
½ sachet de levure
1 c. à c. d'extrait de vanille
20 g de sucre de canne
60 g de pomme
60 g de poire

Préchauffer le four à 180 °C. Placer les ingrédients (sauf la pomme et la poire) dans un saladier en mélangeant progressivement.

Couper la pomme et la poire en petits dés et les incorporer à la préparation. Enfourner 40 minutes.

CLAFOUTIS D'AUTOMNE

Sans lactose

4 PARTS

4 œufs entiers + 2 blancs
40 g de farine sans gluten
40 g de farine de seigle
1 c. à c. d'extrait de vanille
160 ml de lait d'avoine
40 g de sucre de coco
120 g de raisins

Placer les œufs, les farines, l'extrait de vanille, le lait d'avoine et le sucre de coco dans un blender. Mixer jusqu'à l'obtention d'une pâte homogène.

Préchauffer le four à 175 °C.

Chemiser un moule de papier sulfurisé puis y verser la pâte. Parsemer de raisins après les avoir lavés. Enfourner environ 40 minutes. Laisser refroidir environ 10 minutes et déguster.

EN-CAS

BARRES PROTÉINÉES MAISON

PRÊT EN MOINS DE 20 MIN

5 PARTS

50 g de whey protéine (de préférence au chocolat)
30 g de flocons d'avoine
20 g de baies de goji
7 ou 8 pruneaux d'Agen (ou dattes)
30 g de noix
1 c. à s. de miel
10 ml de crème de coco
1 c. à c. d'huile de coco
15 g de beurre de cacahuète
10 g de chocolat noir 85 % fondu

Dans un mixeur, verser la whey protéine, les flocons d'avoine, les baies de goji, les pruneaux d'Agen, les noix, le miel, un soupçon de crème de coco et l'huile de coco. Mixer le tout jusqu'à obtenir une boule qui se tient.

Aplatir sur une plaque recouverte de papier sulfurisé. Étaler dessus le beurre de cacahuète, puis verser le chocolat noir fondu.

Réserver au réfrigérateur pendant 2 heures (ou une nuit). Découper en petites parts. C'est prêt !

FLAN À LA VANILLE PALÉO

PRÊT EN MOINS DE 25 MIN

Sans gluten – sans lactose

2 PARTS

300 ml de lait d'amande
1 gousse de vanille
30 g de sucre de coco
2 œufs entiers + 1 blanc

Préchauffer le four à 200 °C.

Faire chauffer dans une casserole le lait d'amande avec la gousse de vanille fendue. Laisser infuser sur feu doux pendant 5 minutes puis ajouter le sucre de coco et remuer.

Battre les œufs et le blanc dans un bol, ajouter le lait d'amande chaud avec les graines de vanille. Verser dans un moule et enfourner 20 minutes. Déguster avec un thé ou un café.

ASTUCE POUR MONTER RAPIDEMENT SES BLANCS D'ŒUFS EN NEIGE

C'est tout simple : utiliser un bol très propre (à fond rond de préférence), ajouter 1 filet de citron et 1 pincée de sel ou de bicarbonate. Fouetter de manière régulière en soulevant bien les blancs. Et hop, la magie opère !

MINIMUFFINS APÉRO

PRÊT EN MOINS DE 30 MIN

8 PARTS

200 g d'épinards frais
50 g de farine de maïs (ou au choix)
50 g de farine de sarrasin
1/3 de sachet de levure
1 œuf
15 g d'huile d'olive
100 g de yaourt à la grecque
70 g de feta
Sel

Préchauffer le four à 180 °C.

Faire cuire les épinards 4 minutes dans de l'eau bouillante, les égoutter soigneusement et les hacher finement.

Dans un saladier, mélanger les farines, le sel et la levure. Faire un puits et ajouter l'œuf, l'huile et le yaourt. Mélanger jusqu'à obtenir une pâte lisse.

Ajouter les épinards et émietter la feta. Mélanger.

Verser dans des moules à muffin en silicone ou légèrement beurrés. Enfourner 15 à 20 minutes en fonction de la taille des moules et en surveillant la cuisson.

CONSEIL NUTRITION

Vous pouvez en manger 2 parts.

EN-CAS

JUS VERT DÉLICIEUX

PRÊT EN MOINS DE 5 MIN

Sans gluten

1 PART

1 poignée de légumes verts (épinard, chou kale…)
1 kiwi coupé en lamelles
100 g d'ananas coupé en cubes
5 g de mix de graines
20 g de whey protéine vanille
Lait de coco
1 filet de jus de citron

Mélanger tous les ingrédients dans un robot puis déguster frais.

ICE TEA MINCEUR PÊCHE ET MENTHE

PRÊT EN MOINS DE 15 MIN

Sans gluten – sans lactose

2 PARTS

Thé vert (en sachet ou en feuilles)
Eau
1 stick de stevia (facultatif)
½ pêche ou 1 nectarine
Quelques tranches de citron vert
Quelques brins de menthe

Faire infuser le thé pendant 5 minutes dans de l'eau bouillante. Laisser refroidir 5 minutes. Ajouter 1 stick de stevia.

Verser le thé dans des verres, ajouter des morceaux de pêche, des tranches de citron vert, des brins de menthe et des glaçons.

CONSEIL NUTRITION

C'est la boisson rafraîchissante par excellence ! N'hésitez pas à l'accompagner d'une part de protéine au choix afin d'avoir les nutriments nécessaires pour une bonne collation.

VERRINE AU FROMAGE BLANC

PRÊT EN MOINS DE 5 MIN

2 PARTS

15 g de muesli
10 g de noix, noisettes ou amandes
150 g de fromage blanc
50 g de banane
10 g de son d'avoine

Mélanger le muesli avec les noix, noisettes ou amandes.

Déposer au fond de la verrine une première couche de fromage blanc et parsemer de mélange muesli-noix.

Recouvrir de 1 c. à s. de fromage blanc.

Couper la banane en rondelles et les déposer dans la verrine.

Saupoudrer de son d'avoine et déposer une amande entière au centre.

CRÊPES CHOCOLAT HEALTHY

PRÊT EN MOINS DE 25 MIN

Sans gluten

2 PERSONNES

60 g de farine de sarrasin
60 g de farine de châtaigne
3 œufs
30 g de whey protéine vanille
2 c. à s. de miel
1 c. à c. d'huile d'olive
1 pincée de sel
40 cl de lait d'amande
Huile de coco

Topping
3 carrés de chocolat noir
Quelques amandes effilées
1 kiwi

Mélanger les ingrédients de la pâte (sauf l'huile de coco) dans un bol, en ajoutant progressivement le lait d'amande. Aérer la pâte en versant environ 50 ml d'eau ou d'eau gazeuse. Laisser reposer au moins 20 minutes au réfrigérateur.

Verser une grosse louche de pâte dans une poêle chaude et bien huilée à l'huile de coco. Retourner après 1,5 à 2 minutes quand la crêpe est suffisamment solide. Faire cuire 30 secondes de l'autre côté.

Faire fondre le chocolat noir au bain-marie ou au micro-ondes sur puissance maximale quelques secondes avec un peu d'eau, mélanger, verser sur les crêpes et saupoudrer d'amandes effilées. Servir avec ½ kiwi par personne.

EN-CAS

GRANOLA EN BARRE

PRÊT EN MOINS DE 30 MIN

6 PARTS

40 g de noix, amandes, noisettes
2 carrés de chocolat noir 85 %
30 g de raisins secs (ou abricots secs ou dattes)
15 g d'huile de coco
20 g de miel (ou sirop d'agave)
60 g de flocons d'avoine
20 g de whey protéine
15 g de noix de coco râpée
15 g de graines (chia, courge…)

Mixer ou découper avec un couteau bien aiguisé des copeaux de noix, des brisures de chocolat et les fruits séchés.

Bien mélanger tous les ingrédients. Ajouter un peu d'eau à la préparation pour la rendre plus « collante ».

Préchauffer le four à 160-180 °C.

Sur une plaque de four recouverte de papier sulfurisé, déposer des emporte-pièces, verser la préparation dedans et bien tasser sur environ 1 cm de hauteur.

Enfourner 15 minutes et bien surveiller la cuisson. Démouler délicatement puis laisser durcir au réfrigérateur avant de déguster.

Se conserve plusieurs jours dans une boîte bien fermée au réfrigérateur.

EN-CAS

MUFFINS D'AUTOMNE À LA CHÂTAIGNE BUTTERNUT

Sans gluten

2 PARTS

200 g de courge butternut
2 œufs entiers + 2 blancs
50 g de farine de châtaigne
30 g de feta
5 noisettes
1 c. à c. d'huile de noisette
1 pincée de noix de muscade en poudre
Bicarbonate de sodium
1 filet d'huile d'olive (pour les moules)
Mix de graines
Sel et poivre

Préchauffer le four à 200 °C.

Faire cuire la courge 15 minutes dans l'eau bouillante. Retirer la peau et mettre la chair dans un robot. Ajouter les œufs, les blancs d'œufs, la farine, la feta et les noisettes concassées. Verser l'huile de noisette, 1 pincée de noix de muscade et le bicarbonate, puis mixer par à-coups pour conserver un peu de matière.

Verser la préparation dans des moules à muffins en silicone (ou légèrement huilés). Parsemer de quelques graines sur le dessus. Enfourner 30 minutes. Démouler et déguster.

EN-CAS

EGG MUFFINS À LA VIANDE DES GRISONS

PRÊT EN MOINS DE 25 MIN

4 À 6 PARTS

100 g de courgette
25 g de feta
35 g de viande des Grisons
2 œufs entiers + 3 blancs
Coriandre ou persil
Sel et poivre

Préchauffer le four à 180 °C.

Éplucher et hacher la courgette. Presser dans une serviette pour libérer l'eau. Émietter la feta et couper en lamelles la viande des Grisons.

Mélanger tous les ingrédients dans un bol, ajouter 1 pincée de sel et poivrer généreusement.

Remplir des moules à muffin en silicone ou légèrement huilés aux deux tiers. Enfourner environ 15 minutes en surveillant, jusqu'à ce que les muffins soient gonflés et bien dorés.

Laisser refroidir avant de déguster et placer au réfrigérateur dans une boîte hermétique pour les conserver plusieurs jours.

MÉLI-MÉLO SUCRÉ SALÉ

PRÊT EN MOINS DE 5 MIN

Sans gluten

1 PART

2 tranches de jambon cru de Parme sans nitrite
60 g de melon
25 g de mozzarella
60 g de tomates cerises
1 filet d'huile d'olive
Basilic
Sel et poivre

Déposer les tranches de jambon cru sur une assiette.

Couper le melon en deux, retirer les graines et former des boules avec la chair. Réaliser des boules de mozzarella. Les placer dans l'assiette. Ajouter des tomates cerises.

Arroser d'un filet d'huile d'olive et saupoudrer d'un peu de sel et de poivre. Déposer quelques feuilles de basilic.

LE MUR DES HÉROS

Voici quelques héros de mon programme 90-Day Life Challenge. Je souhaite, via leur témoignage, rendre un immense hommage à tous ceux qui ont suivi mon programme, ou ceux qui ont amélioré leur vie en suivant mes réseaux. BIG UP à la #TeamViking, soyez fiers de vous mes champions !

ÉMILIE

« 90 jours ! J'ai envie de dire « déjà » ! C'est passé si vite… Et les résultats ! Évidemment la perte de poids et le changement de morphologie sont impressionnants mais surtout la mise en place de cette nouvelle hygiène de vie fait de ce programme une totale réussite pour moi ! Je suis impressionnée par les résultats finalement obtenus ! Ce mode de vie m'a vraiment aidée à rester positive, à accepter les soucis et aller de l'avant ! Bref –9,1 kg sur la balance, des dizaines voire quinzaines de centimètres en moins pour certaines zones et des muscles qui se dessinent… Que demander de plus ? Merci Thibault ! »

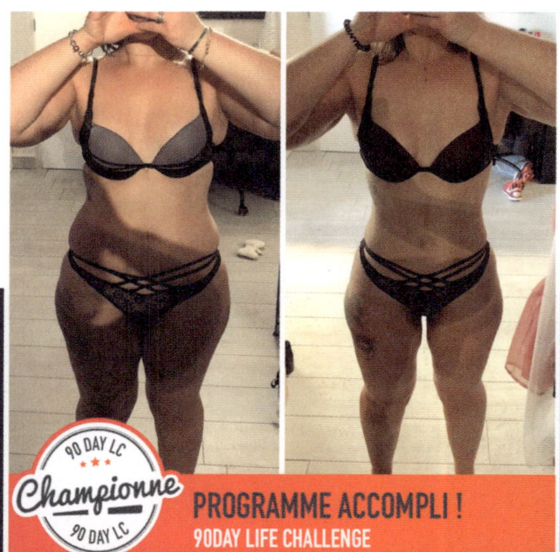

AURÉLIEN

« Nous avons fait le programme en couple et nous sommes très satisfaits des résultats ,nous n'avons fait que deux entorses au programme au niveau des repas.
Plus les phases avancent et plus il est facile de s'organiser et les recettes permettent de vrais bons repas ce qui facilite la tenue du programme »

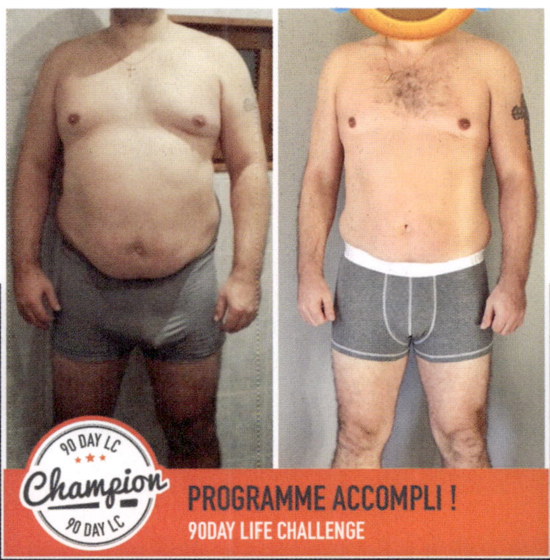

JENNIFER

« Voilà 90 jours ! TERMINÉ.
Ce programme est vraiment dingue, moi qui faisais attention à ce que je mangeais depuis loooongtemps avec du sport par-dessus et sans vraiment de résultats visibles. Cellulite ancrée comme pas possible, fesses flasques, cuisses molles, ventre moelleux… Mais je n'aurai jamais imaginé qu'en 3 mois il était possible d'opérer un tel changement !

Je me sens en forme, pleine de vigueur, j'ai vu ma cellulite diminuée en même temps que mes fesses, mon ventre, mes bras et mes cuisses se raffermir. Je pense que l'alimentation y est pour beaucoup vraiment, évidemment couplée avec les séances sportives. J'ai vraiment pris beaucoup de plaisir à suivre les recettes simples et savoureuses.

Aujourd'hui le 90day est terminé, mais moi je n'en ai pas terminé avec ce corps que j'ai très longtemps boudé. J'ai hâte de continuer à me challenger et à me raffermir !

Je remercie 100000 fois Thibault et son équipe pour cette formidable aventure.

Merci ! »

OLIVIER

« Et voilà ,90 DAY accompli ! Une nouvelle vie physique et alimentaire commence pour moi , juste dommage de ne pas avoir rencontré Thibault avant ! J'ai 38 ans et je n'aurais jamais pu croire me transformer comme ça en 90 jours. Le plus surprenant et épanouissant dans ce challenge est l'alimentation, je n'ai rien d'autre à dire que, comme tous ceux qui l'ont fait, j'ai réappris à manger, pris du plaisir à cuisiner et à savourer alors que je détestais faire la cuisine.

Prendre du temps pour soi fait vraiment du bien et mon reflet dans le miroir me surprend encore je n'en reviens pas, encore MERCI THIBAULT GEOFFRAY. J'ai réussi à motiver un grand nombre de personnes mon entourage qui ont pris ton challenge en voyant ma transformation et mon bien-être.

Un nouveau mode de vie s'offre à moi et il me plaît énormément, alors n'hésite plus, toi derrière ton écran ! C'est vraiment réel ! Une prise en main et un peu de courage pendant 90 jours et tu transformeras ton corps et découvriras une alimentation saine et tout simplement excellente, FIT FIGHT FOREVER ! »

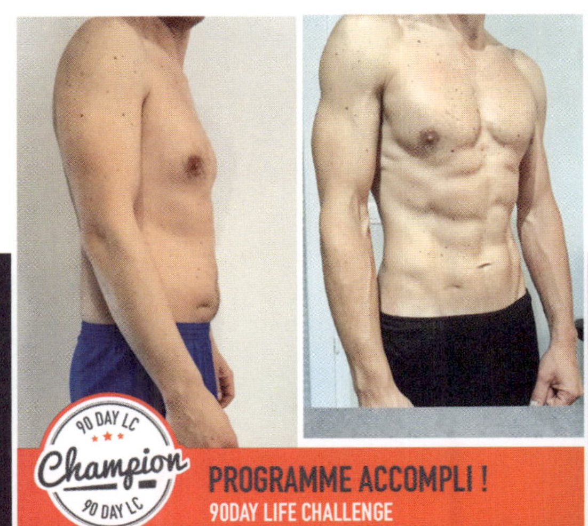

TABLE DES RECETTES

PETIT DÉJEUNER

LOW-CARB

POST-TRAINING

EN-CAS

INDEX DES INGRÉDIENTS

REMERCIEMENTS

Je dédie ce livre à mon père, Jack Geoffray, pilier de mon investissement sur la nutrition. J'ai commencé l'écriture de ce livre lors de ses dernières semaines de vie, en avril 2018. Ils sont, avec ma mère Pascale Geoffray, mes modèles de persévérance.

Je remercie mes abonnés sur les réseaux sociaux, le suivi et le partage au quotidien est quelque chose d'exceptionnel et indescriptible, sans vous ce livre n'existerait pas !

Je remercie mes frères Romain et Maxime qui m'ont épaulé depuis mes premiers partages en ligne, devant quelques dizaines de followers seulement à l'époque. Aujourd'hui ils m'aident au quotidien à accompagner des milliers de personnes !

Je remercie ma douce Justine Gallice, avec qui j'ai la chance énorme de partager cette folle aventure.

Je remercie Jean-Frédéric Schmitt du studio EVOL, toutes les équipes de ma maison d'édition Marabout, Sabrina Fauda-Rôle et Fabien Breuil.

Je remercie également : Coralie Rodriguez, mes Life Coach du 90DAYLC, Jean-Pascal Chichignoud, Impact Nutrition, Nicolas Petit, Xavier Rollin, mes amis instagramers, Mary Gramond, Ludovic Barthelemy, Vincent Lévi Fahrni, Fitness Park Meylan, Factory Fitness, Mamie Nicole, Goussems & Famille

*Partage avec moi tes recettes avec le hashtag **#FitFightForever !***

Retrouvons-nous sur :

Instagram : **@thibault_geoffray** Facebook : **Thibault Geoffray Coaching**

Je t'attends pour garder contact et progresser tous les jours avec mes vidéos recettes et training BimBamBoum !

58, rue Jean Bleuzen, 92178 Vanves Cedex

Photographies © Alexandra Dubois pour les pages training (pp. 20 à 35), pp. 11 et 18
Stylisme : Sabrina Fauda-Rôle
Relecture : Marie-Ève Foutieau et Natacha Kotchetkova
Mise en page : Nicolas Bertrand

Codification : 1150979
ISBN : 978-2-501-14514-5
Dépôt légal : décembre 2019
Achevé d'imprimer en septembre 2019 en Chine chez Toppan

PAPIER À BASE DE FIBRES CERTIFIÉES

MARABOUT
s'engage pour l'environnement en réduisant l'empreinte carbone de ses livres.
Celle de cet exemplaire est de :
2200 g éq. CO_2
Rendez-vous sur www.marabout-durable.fr

THIBAULT GEOFFRAY

Fitfightforever

PRÊT À CHANGER ?

1 MOIS FATBURNER

Transforme ton corps avec des séances de 20 min et obtiens de VRAIS résultats !

MARABOUT

EN QUOI JE CROIS ?

Quand on cherche à se prendre en main, on se dit qu'il y a trop de choses à faire, que c'est trop compliqué car cela va demander de se priver. Souvent même, on pense être quelqu'un de nature pas motivé. Plus on y pense et plus on se dit surtout qu'en fait ce n'est pas fait pour soi, c'est réservé « aux autres », à ceux qui ont plus de temps, une vie plus adaptée, moins de soucis du quotidien à gérer. Souvent on se dit que de toute façon on n'y arrivera pas, car c'est trop « contraignant ». Et puis un jour arrivent les occupations professionnelles et les enfants qui vous priorisent l'esprit et là, sa propre personne passe au dernier plan. Le pire, et vous l'avez peut-être déjà connu, c'est quand vous émettez l'idée d'une prise en main, et que votre entourage vous annonce « Tu n'en as pas besoin, qu'est-ce que tu veux changer ? »

Mais si je vous dis qu'il y a mieux à faire, qu'il vous manque certaines notions qui vont vous révéler et révéler en vous des choses incroyables ? Car vous n'êtes pas obligé de suivre ce schéma que l'on vous répète tous les jours, vous n'êtes pas obligé de tenter un régime restrictif et un plan d'entraînement de forcené. À l'aide du programme de 1 mois que je vous propose dans ce livret collector, vous n'allez pas accomplir un entraînement classique, vous allez goûter à un style de vie. Suivez ce programme et touchez à un mode de vie qui va changer votre état d'esprit et votre vision de l'entraînement. Suivez ce programme et obtenez des résultats incroyables sur votre corps et votre santé en quelques semaines seulement.

Alors FAITES-VOUS PLAISIR, car quelque chose d'autre que la souffrance vous attend au bout du tunnel. Je vous ai préparé cette programmation exceptionnelle de 1 mois qui vient compléter mon état d'esprit autour de la nutrition et du lifestyle. Des séances intensives qui vont vous mettre naturellement au défi. Êtes-vous prêt à obtenir des résultats bluffants ? Prêt à passer en mode viking ? Il est temps maintenant de découvrir la suite. **Fit fight forever.**

COMMENT ACCOMPLIR SON PROGRAMME ?

POURQUOI VAIS-JE LE FAIRE ?
Oubliez les séances de cardio interminables, ce n'est pas ce qu'il vous faut. Concentrez-vous sur les résultats dans le miroir avec des efforts musculaires, augmentez votre confiance en vous, changez la vision que vous avez de votre corps. Vous allez devenir plus fort, plus fit, plus confiant, sans passer des heures à l'entraînement ! Les efforts intensifs vont enclencher un fatburner rapide tout en développant votre physique. Plus vous sortirez de votre zone de confort en vous mettant au défi, plus les résultats seront rapides et pérennes afin de transformer votre corps et votre santé.

COMMENT VAIS-JE LE FAIRE ?
Voici comment enclencher un fatburner tout en dessinant sa shape. C'est le programme qu'il vous faut pour perdre la masse grasse localisée tout en améliorant vos performances sportives et votre corps. Préparez-vous à être surpris de vos résultats en testant ce programme inédit que je n'ai encore jamais proposé jusque-là. Il y a 3 séances d'environ 20 min par semaine. La difficulté augmente progressivement mais c'est TOUT NIVEAU. Car vous pouvez effectuer le nombre de répétitions que vous êtes capable de faire pendant le temps de travail et vous améliorer progressivement.

Ce qui compte, c'est vous, votre histoire, votre détermination. *« On ne juge pas un homme sur le nombre de fois qu'il tombe, mais sur le nombre de fois qu'il se relève. »* Jigoro Kano

RESTER MOTIVÉ

LES COMMANDEMENTS DU PROGRAMME

- Ne cumulez pas 2 séances à la suite le même jour, c'est contre-productif et cela signifie que vous ne vous êtes pas donné à fond pendant votre séance.
- Laissez au moins 1 jour de repos entre les séances du programme. Le repos est bénéfique pour ces séances intensives et fait partie de l'entraînement.
- Vous pouvez ajouter pendant la semaine un maximum de 2 séances de votre sport personnel, de musculation ou d'endurance longue.
- Faites toujours un bon échauffement pour ne jamais commencer à froid et risquer de vous blesser.
- Donnez-vous à fond, réduisez le temps de travail pour booster votre métabolisme et votre niveau d'énergie.

Vous allez pouvoir chercher votre meilleure version, en utilisant notamment les bénéfices, de l'interval training et de « l'after burn-effect », le renforcement des muscles profonds et du gainage, les effets directs sur le ventre plat et la musculature.

Il est possible de répéter le mois de programme tout en cherchant à s'améliorer !

GET READY !

EXEMPLE DE PROGRAMMATION GÉNÉRALE SUR 1 MOIS

	LUNDI	MARDI	MERCREDI	JEUDI	VENDREDI	SAMEDI	DIMANCHE
Semaine 1	**HIIT 1** *20 min* 20/40'		**CT 1** *17 min 30* Haltères		**WOD 1** *15 min* *max*		
Semaine 2	**HIIT 2** *18 min* 25/35'			**CT 2** *18 min* Kettlebell			**WOD 2** *Top* *chrono*
Semaine 3		**HIIT 3** *20 min* 30/30'		**CT 3** *22 min 30* Haltères		**WOD 3** *15 min* *max*	
Semaine 4	**HIIT 4** *24 min* 30/30'			**CT 4** *22 min 30* Kettlebell			**WOD 4** Défi 300

HIIT : High Intensity Interval Training ; CT : Circuit Training ; WOD : Workout Of the Day

PLANNING ALIMENTAIRE

EXEMPLE SUR 1 MOIS

	LUNDI	MARDI	MERCREDI	JEUDI	VENDREDI	SAMEDI	DIMANCHE
PETIT-DÉJ	Bowl gourmand paléo	Morning champion	Bowlcake choco	Omelette paléo	Morning champion	Avocado toast	Pancake express
COLLATION	Protéine ball choco coco	Protéine ball choco coco	Protéine ball choco coco	Protéine ball choco coco	Protéine ball choco coco	Protéine ball choco coco	Protéine ball choco coco
DÉJEUNER	Wrap thon avocat rapide	Salade jarre	Fit & fast dinde épicée	Croquettes de poisson	Tagliatelles courgettes crevettes	Butternut grillé	Poulet rôti familial
COLLATION	Rustique aux pommes	Rustique aux pommes	Smoothie détox	Smoothie détox	Smoothie détox	Collation libre	Rustique aux pommes
DÎNER	Pâtes façon carbonara	Poke bowl facile	Dés de poulet peanut	Chicken burger healthy	Riz à la thaïe	Cheatmeal (repas libre)	Salade détox
Entraînement	*HIIT*	*OFF*	*Circuit Training*	*PERSO*	*WOD*	*OFF*	*PERSO*

Si vous vous entraînez le matin ou le midi, vous pouvez opter pour un plat « post-training » au déjeuner plutôt qu'au dîner.

SÉANCE 1 - HIIT 1

HIGH INTENSITY INTERVAL TRAINING

Alternez les temps d'effort avec les temps de récupération entre chaque exercice (pas de repos supplémentaire entre les tours) jusqu'à effectuer le nombre de tours demandé. Sur une séance en 20/40' de 20 min, alternez un maximum de répétitions selon votre niveau pendant 20 secondes suivi immédiatement de 40 secondes de récupération sur place entre chaque exercice. Enchaînez le tout sans vous arrêter pendant 20 min.

20 MIN
20 sec d'exercice
40 sec de repos

5 TOURS
4 exercices

MATÉRIEL
Aucun

BURPEES SANS POMPES

HOLLOW EN RAMENANT LES GENOUX

MONTÉE DE GENOUX

POMPES DIAMANT

Il est possible d'adapter plusieurs mouvements selon son niveau tout au long du programme tout en conservant le temps d'effort demandés ! Exemple : Pompes sur les genoux.

SÉANCE 2 - CIRCUIT TRAINING 1

SEMAINE 1

CIRCUIT TRAINING

Enchaînez les exercices sans repos, puis récupérez à la fin du tour (un tour correspond à l'ensemble des exercices). À la différence du HIIT, le travail est plus musculaire et on ne récupère pas entre chaque exercice (juste le temps nécessaire pour changer de mouvement). Maîtrisez et répétez le mouvement de manière dynamique pendant le temps indiqué (30 ou 45 secondes), avec un repos d'environ 1 min 30 après avoir tout enchaîné. Le circuit est accompli une fois le nombre de tours total effectué.

17 MIN 30
30 sec d'effort
1 min 30 de repos

5 TOURS

MATÉRIEL
Haltères

CURL

TRICEPS + NUQUE

FENTES AVANT

OBLIQUES HALTÈRES BRAS TENDU

Tout au long du programme, le poids utilisé pour les haltères est à adapter en fonction de chacun ! Choisissez un poids qui rendra l'effort très difficile sur les dernières secondes sans détériorer l'exercice. Si vous n'avez pas de charge différente disponible, utilisez le même poids mais augmentez la vitesse !

SÉANCE 3 - WOD 1

WORKOUT OF THE DAY

LE PLUS DE RÉPÉTITIONS POSSIBLES
Enchaînez 10 burpees, avec 20 soulevés de terre, puis 20 mountain climbers. Répétez ce tour le plus de fois possible pendant 15 min chrono. Récupérez librement au cours de la séance.

15 MIN
15 min d'exercice

MAX DE TOURS PENDANT L'EXERCICE

MATÉRIEL
Haltères

BURPEES

SOULEVÉS DE TERRE

MOUNTAIN CLIMBERS

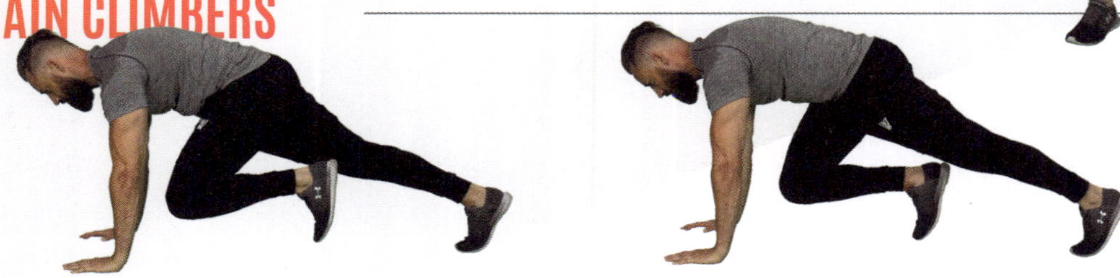

SÉANCE 4 - HIIT 2

SEMAINE 2

HIGH INTENSITY INTERVAL TRAINING

Alternez les temps d'effort avec les temps de récupération entre chaque exercice (pas de repos supplémentaire entre les tours) jusqu'à effectuer le nombre de tours demandé. Sur une séance en 25/35' de 18 min, alternez un maximum de répétitions selon votre niveau pendant 25 secondes suivi immédiatement de 35 secondes de récupération sur place entre chaque exercice. Enchaînez le tout sans vous arrêter pendant 18 min.

18 MIN
25 sec d'exercice
35 sec de repos

6 TOURS
3 exercices

MATÉRIEL
Aucun

PLANCHE GROUPÉE

HOLLOW EN FERMETURE

TWIST + COMMANDO

CIRCUIT TRAINING

Enchaînez les exercices sans repos, puis récupérez à la fin du tour (un tour correspond à l'ensemble des exercices). À la différence du HIIT, le travail est plus musculaire et on ne récupère pas entre chaque exercice (juste le temps nécessaire pour changer de mouvement). Maîtrisez et répétez le mouvement de manière dynamique pendant le temps indiqué (30 ou 45 secondes), avec un repos d'environ 1 min 30 après avoir tout enchaîné. Le circuit est accompli une fois le nombre de tours total effectué.

18 MIN
45 sec d'effort
1 min 30 de repos

4 TOURS

MATÉRIEL
Kettlebell

TURKISH GET-UP GAUCHE

KETTLEBELL SWING

TURKISH GET-UP DROIT

ROWING À UN BRAS

SÉANCE 6 - WOD 2

SEMAINE 2

WORKOUT OF THE DAY

LE PLUS RAPIDEMENT POSSIBLE

Effectuez une pyramide descendante le plus rapidement possible. Commencez par 25 répétitions de sit-up, suivies de 25 répétitions de squat genoux, suivies de 25 répétitions de saut par-dessus banc. Enchaînez avec 20 de chaque, puis 15, puis 10, puis 5. Récupérez librement pendant la séance. Notez votre chrono et essayez de vous améliorer avec le temps.

25 MIN
15 min d'exercice

5 RÉPÉTITIONS

MATÉRIEL
Banc

SIT-UP

SQUAT GENOUX ALTERNÉS

SAUTS PAR-DESSUS BANC

SÉANCE 7 - HIIT 3

SEMAINE 3

HIGH INTENSITY INTERVAL TRAINING

Alternez les temps d'effort avec les temps de récupération entre chaque exercice (pas de repos supplémentaire entre les tours) jusqu'à effectuer le nombre de tours demandé. Sur une séance en 30/30' de 20 min, alternez un maximum de répétitions selon votre niveau pendant 30 secondes suivi immédiatement de 30 secondes de récupération sur place entre chaque exercice. Enchaînez le tout sans vous arrêter pendant 20 min.

20 MIN
30 sec d'exercice
30 sec de repos

5 TOURS
4 exercices

MATÉRIEL
Aucun

FENTES SAUTÉES

SUPERMAN

SIT-THROUGH + EXTENSIONS

SPRINT TIPPING

CIRCUIT TRAINING

Enchaînez les exercices sans repos, puis récupérez à la fin du tour (un tour correspond à l'ensemble des exercices). À la différence du HIIT, le travail est plus musculaire et on ne récupère pas entre chaque exercice (juste le temps nécessaire pour changer de mouvement). Maîtrisez et répétez le mouvement de manière dynamique pendant le temps indiqué (30 ou 45 secondes), avec un repos d'environ 1 min 30 après avoir tout enchaîné. Le circuit est accompli une fois le nombre de tours total effectué.

22 MIN 30
45 sec d'exercice
1 min 30 de repos

5 TOURS
4 exercices

MATÉRIEL
Haltères

COMBO ÉPAULES

TRICEPS FRONT

SISSY SQUAT

OBLIQUES AVEC HALTÈRES

WORKOUT OF THE DAY

LE PLUS DE RÉPÉTITIONS POSSIBLE

Enchaînez 10 pompes + extension en T, avec 15 rolling squat, puis 20 obliques croisées (gestion de l'effort libre). Attention à ne pas dénaturer les mouvements. Répétez ce tour le plus de fois possible pendant 15 min chrono. Récupérez librement au cours de la séance.

15 MIN

MAX DE TOURS PENDANT 15 MIN

MATÉRIEL
Aucun

POMPES + EXTENSION EN T

ROLLING SQUAT

OBLIQUES CROISÉES

SÉANCE 10 - HIIT 4

SEMAINE 4

HIGH INTENSITY INTERVAL TRAINING

Alternez les temps d'effort avec les temps de récupération entre chaque exercice (pas de repos supplémentaire entre les tours) jusqu'à effectuer le nombre de tours demandé. Sur une séance en 30/30' de 24 min, alternez un maximum de répétitions selon votre niveau pendant 30 secondes suivi immédiatement de 30 secondes de récupération sur place entre chaque exercice. Enchaînez le tout sans vous arrêter pendant 24 min.

24 MIN DE HIIT
30 sec d'exercice
30 sec de repos

6 TOURS
4 exercices

MATÉRIEL
Aucun

BURPEES

CLIMBERS CROISÉES

MARCHE DE L'OURS

ROLLING PISTOL

CIRCUIT TRAINING

Enchaînez les exercices sans repos, puis récupérez à la fin du tour (un tour correspond à l'ensemble des exercices). À la différence du HIIT, le travail est plus musculaire et on ne récupère pas entre chaque exercice (juste le temps nécessaire pour changer de mouvement). Maîtrisez et répétez le mouvement de manière dynamique pendant le temps indiqué (30 ou 45 secondes), avec un repos d'environ 1 min 30 après avoir tout enchaîné. Le circuit est accompli une fois le nombre de tours total effectué.

22 MIN 30
45 sec d'effort
1 min 30 de repos

6 TOURS

MATÉRIEL
Kettlebell

CLEAN & JERK DROIT

POMPES SUR KETTLEBELL

CLEAN & JERK GAUCHE

HIP THRUST SUR UNE JAMBE

SÉANCE 12 - WOD 4

SEMAINE 4

WORKOUT OF THE DAY

MON DEFI 300 : enchaînez 4 fois 25 répétitions de chaque exercice pour obtenir un total de 300 répétitions le plus rapidement possible (gestion de l'effort, des séries et de la récupération libres en fonction de votre niveau). Adaptez les exercices à votre niveau si besoin (exemple pompes sur genoux et tractions pieds au sol).

LE PLUS RAPIDEMENT POSSIBLE

4 TOURS
3 exercices

MATÉRIEL
Aucun

POMPES

TRACTIONS

JUMP